贸易、投融资绿色化与低碳转型研究

2021

生态环境部对外合作与交流中心　编著

中国环境出版集团·北京

图书在版编目（CIP）数据

贸易、投融资绿色化与低碳转型研究. 2021/生态环境部对外合作与交流中心编著. —北京：中国环境出版集团，2022.9

ISBN 978-7-5111-5345-6

Ⅰ. ①贸… Ⅱ. ①生… Ⅲ. ①对外贸易—绿色经济—经济发展—研究—中国—2021 Ⅳ. ①F124.5

中国版本图书馆 CIP 数据核字（2022）第 189165 号

出 版 人　武德凯
责任编辑　宋慧敏
文字编辑　马丁冉
责任校对　薄军霞
封面设计　岳　帅

出版发行　中国环境出版集团
　　　　　（100062　北京市东城区广渠门内大街 16 号）
　　　　　网　　址：http：//www.cesp.com.cn
　　　　　电子邮箱：bjgl@cesp.com.cn
　　　　　联系电话：010-67112765（编辑管理部）
　　　　　发行热线：010-67125803，010-67113405（传真）
印　　刷　北京中科印刷有限公司
经　　销　各地新华书店
版　　次　2022 年 9 月第 1 版
印　　次　2022 年 9 月第 1 次印刷
开　　本　787×960　1/16
印　　张　9
字　　数　152 千字
定　　价　45.00 元

编著委员会

顾　　问　郭　敬　周国梅

主　　编　刘　援　陈　明

副 主 编　郑　军　李　乐

编写组成员（按汉语拼音排序）

曹　杨　程天金　崔永丽　董　鑫　韩　絮

花瑞祥　廖恺玲俐　刘　蕾　刘　婷　柳朝霞

卢雪云　宋　阳　孙丹妮　王　京　王树堂

王艳华　奚　旺　谢园园　杨大鹏　于晓龙

袁　钰　张彦著　张泽怡　赵敬敏　朱建磊

序

当今的世界正经历百年未有之大变局，全球政治、经济和生态环境问题的关联性、耦合性日趋紧密。面对新冠肺炎疫情、应对气候变化、生物多样性丧失等多重全球危机，推动实现经济绿色复苏与低碳发展逐渐成为国际社会共识，越来越多的国家做出实现“碳中和”目标的承诺。2020 年 9 月，国家主席习近平在第七十五届联合国大会上郑重承诺，中国将提高国家自主贡献力度，采取更加有力的政策和措施，二氧化碳排放力争于 2030 年前达到峰值，努力争取 2060 年前实现碳中和。

在全球各国推动实现“碳中和”目标的背景下，以绿色低碳为主题的新国际贸易体系和产业竞争格局正在加速形成和演进。2021 年 7 月，欧盟力推碳边境调节机制（Carbon Border Adjustment Mechanism，CBAM）进入立法程序，试图将引领应对气候变化、能源转型作为自身发展“战略自主权”的重要方向。CBAM 将给世界贸易组织改革和全球多边经贸规则体系带来重大变数，也给中国对外贸易、投融资绿色化与低碳转型带来新的机遇和挑战，并将对中国产品出口乃至全球产业链、供应链、价值链布局产生深远影响。

贸易自由与环境保护存在冲突，但并不是对立的关系，如何使两者相互促进、并驾前行，是实现全球经济绿色复苏和高质量发展的重要议题。2020 年 11 月，由东盟 10 国发起，中国、日本、韩国、澳大利亚、新西兰 5 国共同推进的《区域全面经济伙伴关系协定》（Regional Comprehensive

Economic Partnership，RCEP）正式签署，标志着当前世界上人口最多、经贸规模最大、最具发展潜力的自由贸易区正式启动。2021 年 9 月，中国正式提出申请加入《全面与进步跨太平洋伙伴关系协定》（Comprehensive and Progressive Agreement for Trans-Pacific Partnership，CPTPP）。CPTPP 被认为是全球范围内最高标准的自贸协定，对环境保护也作出了高标准规定。新发展阶段下，中国正在加快建立健全绿色低碳循环发展经济体系，推进贸易高质量发展。未来，中国如何主动对接 CPTPP 区域贸易投资的绿色规则，推进 RCEP 区域经济合作绿色化，助力区域供应链、价值链的绿色低碳转型升级将成为推动中国对外贸易和投融资绿色化的一个重要课题。

生态环境部对外合作与交流中心长期致力于绿色金融、贸易与投融资绿色化的系列研究，基于前期环境与贸易领域相关研究成果，为积极应对更趋复杂的国际贸易环境并促进中国“碳中和”目标顺利实现，现汇编形成《贸易、投融资绿色化与低碳转型研究 2021》一书，以期为相关研究工作者提供参考。本书共分为三部分，第一部分主要介绍“碳中和”目标下对外贸易绿色化与低碳转型的做法和政策建议，包括国际自贸区的绿色发展经验借鉴、RCEP 对中国低碳转型绿色发展的影响分析等；第二部分从气候风险管理、绿色供应链、价值链绿色化等角度，重点阐述“碳中和”目标下对外投融资绿色化与低碳转型的思考与建议；第三部分以欧盟碳边境调节机制、欧美贸易新政等国际热点动态为切入点，聚焦欧美环境贸易与投融资政策的最新进展及对中国的潜在影响。希望本书能对贸易、投融资绿色化与低碳转型相关工作者有一定的借鉴和参考意义。

是为序。

作者
2022 年 1 月

目 录

第一部分 对外贸易绿色化与低碳转型研究

第二部分 对外投融资绿色化与低碳转型研究

第三部分　欧美环境贸易与投融资政策的观察与分析

第一部分

对外贸易绿色化与低碳转型研究

依托境外经贸合作区推进气候变化“南南合作”低碳示范区建设的思考和建议

奚　旺　王　京　王树堂

2015 年 11 月，国家主席习近平在气候变化巴黎大会上提出，中国将于 2016 年启动在发展中国家开展 10 个低碳示范区、100 个减缓和适应气候变化项目及 1 000 个应对气候变化培训名额的合作项目。低碳示范区是推动低碳发展的重要切入点和着力点，是与共建“一带一路”相关国家共同探索绿色低碳发展的模式。持续推动气候变化低碳示范区建设，可为气候变化“南南合作”提供重要抓手，为全球应对气候变化贡献中国智慧与中国方案。

境外经贸合作区作为对外投资合作的创新模式，是中国实施“一带一路”战略和国际产能合作战略的重要引擎，正日益成为共建“一带一路”的生动实践。携手共建境外经贸合作区，推动经济开放包容发展，寻求发展利益的最大公约数，已成为众多国家的共识。截至 2018 年 9 月，“一带一路”沿线的境外经贸合作区向东道国上缴税费 21.9 亿美元，创造就业岗位 20 多万个，为“一带一路”共建国家带来丰厚的民生福祉。

应对气候变化“南南合作”低碳示范区与境外经贸合作区建设的有机结合，将实现气候变化“南南合作”与“一带一路”倡议、国际产能合作等战略的深度对接，强化气候变化“南南合作”的系统思维和协同效应，并服务于中国绿色“一带一路”建设和参与全球气候治理的大局。为此，本文系统地梳理了境外经贸合作区的现状和特点，分析了建设低碳示范区的基础条件和重要意义，并提出以下政策建议：一是加强低碳示范区顶层设计，提升共建成果的广度和深度；二是共同开展低碳示范区建设规划编制，为东道国推进低碳转型提供支持；三是以低碳环保物资撬动产业合作需求，促进我国绿色技术、装备、产业“走出去”；四是加强气候治理和生态环保能力建设合作，提升东道国低碳工业园区管理水平。

一、境外经贸合作区基本情况

境外经贸合作区是以我国国内企业为主体，通过与东道国政府的谈判签订协议，在协议限定的区域内投资与建设形成的，产业链完整、集中度高、公共服务功能健全、管理模式便捷高效的产业园区。经过十几年的建设发展，境外经贸合作区已实现从无到有、从小到大、从点到面的成长，在深化与有关国家经贸合作的同时，也助力了东道国工业化进程。境外经贸合作区成为中国对外开放的重要载体和共建“一带一路”的重要平台。

截至 2018 年 9 月，中国企业对 46 个国家在建初具规模的 113 家合作区累计投资 366.3 亿美元，入区企业 4 663 家，上缴东道国税费 30.8 亿美元。其中，对 24 个“一带一路”共建国家在建的 82 家合作区累计投资 304.5 亿美元，入区企业 4 098 家，上缴东道国税费 21.9 亿美元；对通过确认考核的 20 家合作区（如表 1 所示）累计投资 201.3 亿美元，入区企业 873 家，上缴东道国税费 21.2 亿美元。

表 1　通过确认考核的境外经贸合作区目录

序号	合作区名称	境内实施企业名称	主导产业
1	柬埔寨西哈努克港经济特区	江苏太湖柬埔寨国际经济合作区投资有限公司	纺织服装、箱包皮具、五金机械、木业制品等
2	泰国泰中罗勇工业园	华立产业集团有限公司	汽配、机械、家电和电子、建材等
3	越南龙江工业园	前江投资管理有限责任公司	纺织轻工、机械电子、建材化工等
4	巴基斯坦海尔—鲁巴经济区	海尔集团电器产业有限公司	建材、家电、纺织等
5	赞比亚中国经济贸易合作区	中国有色矿业集团有限公司	金属冶炼、商贸服务、加工制造等
6	埃及苏伊士经贸合作区	中非泰达投资股份有限公司	纺织服装、石油装备、新型建材及精细化工等
7	尼日利亚莱基自由贸易区（中尼经贸合作区）	中非莱基投资有限公司	加工制造、仓储物流等
8	俄罗斯乌苏里斯克经贸合作区	康吉国际投资有限公司	轻工、机电、木业等

序号	合作区名称	境内实施企业名称	主导产业
9	俄罗斯中俄托木斯克木材工贸合作区	中航林业有限公司	森林抚育采伐、木材深加工、商贸物流等
10	埃塞俄比亚东方工业园	江苏永元投资有限公司	纺织、皮革、农产品加工、冶金、建材、机电等
11	中俄（滨海边疆区）农业产业合作区	黑龙江东宁华信经济贸易有限责任公司	—
12	俄罗斯龙跃林业经贸合作区	黑龙江省牡丹江龙跃经贸有限公司	森林培育、林木采伐、粗深加工、林产品展销交易、跨境物流运输等
13	匈牙利中欧商贸物流园	山东帝豪国际投资有限公司	商贸、物流等
14	吉尔吉斯斯坦亚洲之星农业产业合作区	河南贵友实业集团有限公司	种植、养殖、屠宰加工、食品深加工等
15	老挝万象赛色塔综合开发区	云南省海外投资有限公司	能源化工、农畜产品加工、电力产品制造、饲料加工、烟草加工、建材科技、物流仓储等
16	乌兹别克斯坦“鹏盛”工业园	温州市金盛贸易有限公司	建材、真皮制品、灯具和五金制品、电机电器、农用机械、轻纺等
17	中匈宝思德经贸合作区	烟台新益投资有限公司	商贸、物流等
18	中国·印尼经贸合作区	广西农垦集团有限责任公司	家电、精细化工、生物制药、农产品精深加工、机械制造及新材料等
19	中国印尼综合产业园区青山园区	上海鼎信投资（集团）有限公司	镍铁、不锈钢等
20	中国·印度尼西亚聚龙农业产业合作区	天津聚龙集团	油棕种植开发、精深加工、收购、仓储物流等

资料来源：商务部. 通过确认考核的境外经贸合作区名录[EB/OL]. http：//fec.mofcom.gov.cn/article/jwjmhzq/article01.shtml.

根据境外经贸合作区投资促进办公室统计数据，“一带一路”共建国家在建的80家合作区呈现出以下特点。

一是从园区的地理分布情况来看，境外经贸合作区虽在“一带一路”六大经济走廊均有分布，但主要集中在亚欧大陆和非洲地区。亚洲的经贸合作区主要集中在东南亚，共有26家合作区，其中仅印度尼西亚就有10家合作区，而在欧洲主要集中在俄罗斯、白俄罗斯、匈牙利3个国家，因此境外经贸合作区在地理上呈现“大分散、小集中”的分布特征。

二是从园区所涉及的产业范围来看，虽然涵盖的产业领域较为广泛，但是“一带一路”共建国家具有相对优势的农林、矿产等资源开发与轻纺、五金机械、建材等劳动密集型产业占据了较大的比重，体现出产能合作双方优势互补的显著特征。总体来看，入驻境外经贸合作区企业的投资项目一般结合企业类型、所在国家的国情和资源条件、产业分布，兼具东道国和中国产业发展的特色。

三是从园区建设主体所属地域来看，呈现出明显的地域特色。东部地区产业集中度、制造业技术水平较高，但也面临着产能过剩和能源、劳动力成本上升的问题。在国家政策的作用下，部分企业依托自身资金实力、现代化管理手段与相对完善的服务功能，选择能源或劳动力成本相对较低的“一带一路”共建国家，率先“走出去”，开展合作区的建设工作，成为中国建设境外经贸合作区的主力。

二、建设气候变化“南南合作”低碳示范区的基础条件

境外经贸合作区作为对外投资合作的创新模式，是我国实施“一带一路”战略和国际产能合作战略的重要引擎，具有较高政治关注度、合作双方多种政策支持、良好低碳发展基础和充足的人力资源保障，为应对气候变化“南南合作”低碳示范区建设提供了良好的基础条件。

具有较高政治关注度。境外经贸合作区作为较成熟的“一带一路”项目，层次高、影响广，在合作双方国家政府一系列重要文件中多次被提及，受到中国和东道国领导人的广泛关注，在国际上也具有较高的知名度。依托境外经贸合作区，推动应对气候变化“南南合作”低碳示范区建设，将有助于进一步深化双边战略合作关系，扩大气候变化“南南合作”低碳示范区的政治影响，获得合作双方国家政府的高度支持。

具有合作双方多种政策支持。经商务部确认考核的20家境外经贸合作区一般为合作双方国家政府共同确定的国家级合作项目，也是“一带一路”战略中的早期收获项目，在金融服务、土地政策、税收政策、劳工政策、基础设施配套以及贸易投资便利化措施等方面具有合作双方多种政策支持。为此，借力境外经贸合作区的政策红利，对推动气候变化“南南合作”低碳示范区建设具有积极作用。

具有良好低碳发展基础。目前，境外经贸合作区产业主要集中在加工制造、资源利用和农业产业等领域，发展状况良好，区位优势明显，基础设施条件较为完善，吸引大量龙头工业企业入驻，产业集中程度高、聚集效应明显，并且注重环保、节能、清洁能源等可持续发展产业的建设发展。在境外经贸合作区建设气候变化"南南合作"低碳示范区，对推动东道国低碳化结构调整和技术改造、创新低碳工业园区建设模式等方面奠定良好的发展基础。

具有充足的人力资源保障。境外经贸合作区建设以来，不断聚集资本、人才、技术等生产要素，加速了产业服务平台搭建，双边人员进行了密切交流，聚集了一批熟悉东道国语言、文化，精通产业发展政策、法律、金融等领域的高精专人才，这也为开展气候变化"南南合作"低碳示范区建设提供了充足的人力资源保障。

三、建设气候变化"南南合作"低碳示范区的重要意义

气候变化"南南合作"是落实《巴黎协定》、推进全球应对气候变化合作进程的一个重要领域。在共建"一带一路"背景下，依托"一带一路"境外经贸合作区，建设气候变化"南南合作"低碳示范区具有重大积极意义。

（一）将国家战略有机结合，有利于发挥"1+1＞2"的战略协同效应

随着中国国际影响力的提升，对外援助与境外经贸合作区作为中国"走出去"的重要资源和平台，正在成为"走出去"战略的重要举措。对外援助与境外经贸合作区在国家外交行动中属于两个相对独立的细分领域，由于政策整合不足，因此无法推动中国整体外交目标的有效实现，而且各自目标的落实也面临各种困境。

推动应对气候变化"南南合作"低碳示范区建设是中国多方位气候援助的重要内容，与境外经贸合作区协同建设，不仅可以最大限度地提升资源使用效率，弥补境外经贸合作区建设资金的不足，还有助于中国提供多方位气候援助，推动东道国产业可持续发展并且持续发挥效力，有利于发挥"1+1＞2"的战略协同效应，推动双方获得长远的利益。

（二）助力国际产能合作，推动境外经贸合作区低碳转型

2015 年，由商务部、财政部发布的《境外经济贸易合作区考核办法》中明确，要重点支持加工制造型、资源利用型、农业开发型、商贸物流型、科技研发型 5 类园区。在具有一定规模和一定影响力的 81 个中国海外园区中，有很多园区是以加工制造和资源开发利用为主，缺乏高科技和高端服务海外园区，因此低碳转型和可持续发展潜力巨大。

低碳技术创新和产业化是新一轮全球经济转型和产业升级的核心内容，是各国争夺国际产业竞争的制高点。依托境外经贸合作区，开展应对气候变化“南南合作”低碳示范区建设工作，有利于转变当前海外园区过度依赖能源和资源物质投入、追求规模的发展模式，有助于探索形成产业高度集聚、地区行业特色鲜明、碳生产力高的园区低碳发展新模式，对提升区域工业园区低碳发展水平、促进工业低碳转型、推进特色新型工业化进程有重要作用。

（三）推动绿色“一带一路”建设，促进区域经济高质量、可持续发展

2017 年，环境保护部、外交部、国家发展改革委、商务部联合发布的《关于推进绿色“一带一路”建设的指导意见》中强调，在“一带一路”建设中要突出生态文明理念，推动绿色发展，加强生态环境保护，共同建设绿色丝绸之路。2019 年，商务部国际贸易经济合作研究院和联合国开发计划署驻华代表处联合发布的《中国“一带一路”境外经贸合作区助力可持续发展报告》中提出，创新可持续发展境外经贸合作区模式示范，建立一批成功地整合经济、环境和社会可持续性的示范合作区，作为其他境外经贸合作区效仿的具体参考。

境外经贸合作区作为“一带一路”重点项目，其可持续发展问题一直是中国境内外的重要关注点。绿色、低碳、可持续发展是“一带一路”倡议的内在要求。气候变化“南南合作”低碳示范区与境外经贸合作区建设的有机结合，将有助于提高园区能源与资源利用率，降低单位工业增加值碳排放量，引领东道国工业领域降低碳排放强度，分享低碳转型所带来的绿色效益，消除以往“过剩产能、污染输出”的负面影响，为共建“一带一路”相关国家绿色低碳发展提供积极的引

导示范作用，有效助力区域高质量、可持续发展。

（四）推动生态环保和气候治理政策、标准的国际合作，促进中国绿色产业“走出去”

2019年，国家主席习近平在第二届“一带一路”国际合作高峰论坛上提出，要把绿色作为底色，推动绿色基础设施建设、绿色投资、绿色金融，保护好我们赖以生存的共同家园。2020年3月，中共中央办公厅、国务院办公厅印发的《关于构建现代环境治理体系的指导意见》中提出，强化环保产业支撑，鼓励企业参与绿色“一带一路”建设，带动先进的环保技术、装备、产能“走出去”。

境外经贸合作区多数建立在共建“一带一路”发展中国家，这些国家环境管理基础相对薄弱、环境基础设施建设相对滞后，环境治理需求日益增加、潜在治理市场巨大。因此，推动低碳示范区建设，将低碳发展理念和方法贯穿于境外经贸合作区建设中，将有助于加强中国与东道国生态环保和气候治理政策、标准体系的交流合作，带动中国优秀绿色产业“走出去”，确保“一带一路”国家内投资活动的生态完整性。

四、政策建议

为积极落实“一带一路”应对气候变化“南南合作”计划，促进境外经贸合作区经济和环境的可持续发展，更好地推动低碳示范区建设，提出以下政策建议。

（一）加强低碳示范区顶层设计，提升共建成果的广度和深度

建议从国家层面统筹谋划，制定“一带一路”应对气候变化“南南合作”低碳示范区建设规划或方案，建立低碳示范区遴选标准，形成示范区推进时间表和路线图，明确低碳示范区对推动气候变化“南南合作”、绿色“一带一路”建设、绿色产业“走出去”的支撑作用，加强在应对气候变化和绿色低碳转型方面的共识，以提升共建成果的广度和深度，打造气候变化“南南合作”新模式，推动其成为“一带一路”气候治理和生态环保合作的典范。

（二）共同开展低碳示范区建设规划编制，为东道国推进低碳转型提供支持

建议与东道国共同编制低碳示范区建设规划，一方面积极对接东道国气候变化和低碳发展战略及相关政策，务实推动气候变化和低碳发展理念、政策、标准的交流合作，促进境外经贸合作区绿色经济发展；另一方面分享中国低碳工业园区试点的经验和案例，明确示范区建设的原则、目标、任务以及保障措施等内容，保障低碳示范区落地见效，与“一带一路”共建国家共享低碳转型的绿色效益。

（三）以低碳环保物资撬动产业合作需求，促进我国绿色技术、装备、产业“走出去”

境外经贸合作区涉及大量项目投资，绿色发展和生态环保需求潜力巨大。建议加大新能源、环境监测、污染治理成套化设备等低碳环保物资的援助力度，通过低碳示范区共建项目搭建合作交流平台，共同开发一批气候治理、环保基础设施建设及示范项目，以撬动境外经贸园区绿色产业合作需求，促进我国优秀绿色技术、装备、产业“走出去”。

（四）加强气候治理和生态环保能力建设合作，提升东道国低碳工业园区管理水平

建议针对东道国环境及气候变化官员和工业园区管理者持续开展能力建设活动。围绕全球气候变化治理、绿色“一带一路”建设、环境污染防治、低碳工业园区转型、低碳技术创新等方面开展气候治理和生态环保能力建设合作，深化政策、法规、标准的交流，分享中国碳减排经验和低碳试点案例，提升东道国应对气候变化以及低碳工业园区管理能力和水平。

我国环境产品市场及贸易竞争力
——与“一带一路”共建国家的对比分析

谢园园 卢雪云 王艳华

21 世纪以来，国际上对可持续发展和绿色发展的关注度逐渐提升，各国抓紧时机对本国的贸易结构进行升级，将贸易可持续和绿色发展结合在一起（Wan et al.，2018；Costantini et al.，2012）。随着各国环境政策的出台和对贸易自由化的关注，环保产业和环境产品呈现出火热的发展态势（Costantini et al.，2008；冯楠等，2015），世界环境产品进出口贸易的市场规模不断扩大。国际贸易中心统计数据显示，2018 年世界环境产品出口额扩大到 5 299.32 亿美元，且长期以来环境产品贸易的增长速度较全部货物贸易的增长速度更快（温珺等，2017）。虽然发达国家和发展中国家的环境产品出口份额都在增加，但环境产品在发展中国家的份额要比在发达国家低（Cantore et al.，2018）。

在当前我国与“一带一路”共建国家互联互通、基础设施建设广泛合作的背景下，生态环境国际合作是“一带一路”建设中优先要考虑的重要任务之一，环保设备制造、污染防治工程等的发展前景广阔，节能减排需求不断加大。因此，在建设绿色“一带一路”过程中，环境产品贸易是关键切入点之一（胡涛等，2017）。研究发现，我国环境产品出口额中可再生能源设备所占比重最高，其出口额达到环境产品总出口额的 65%以上。通过对我国与新加坡、印度等 7 个环境产品贸易相对活跃的国家进行竞争力分析发现，虽然我国环境产品的进出口贸易规模在其中遥遥领先，但仅在可再生能源设备领域具有一定的竞争优势，而在其他类型环境产品领域处于劣势，因此我国环境产品的竞争力仍存在较大的提升空间。本文提出重视“一带一路”共建国家的环境产品需求、调整环境产品贸易结构、畅通环境产品的贸易渠道、提高环境产品技术水平的建议，有助于支撑“一带一路”共建国家对环境产品的贸易需求。

一、环境产品的内涵

环境产品的定义多采用经济合作与发展组织（Organization for Economic Cooperation and Development，OECD）、亚太经济合作组织（Asia-Pacific Economic Cooperation，APEC）及联合国贸易和发展会议（United Nations Conference on Trade and Development，UNCTAD）的界定。OECD 将环境产品定义为“可以检测、预防、控制、降低或者消灭对水、空气、土地、噪声以及生态系统造成的环境危害的相关产品”（OECD/Eurostat，1999）；APEC 则将环境产品定义为“以根治、减轻和预防环境问题为目的的相关产品”；UNCTAD 进一步将环境产品定义为“在其生命周期的某个环节（生产、加工、使用及处理）中对环境产生的危害低于其可替代产品，对环境保护有明显贡献作用的产品”。OECD 和 APEC 对环境产品的定义更倾向于末端控制的狭义范畴，UNCTAD 则从全生命周期的角度对环境产品的定义进行了扩展（International Trade Centre，2014）。

OECD 和 APEC 分别制定了环境产品清单，将环境产品具体化为若干种产品税号。APEC 按照环境产品的具体用途，将环境产品分为可再生能源设备，环境监测、分析与评价设备，环境保护型产品和环境友好型产品 4 类（Vossenaar，2013），包括 54 种 6 位国际 HS 编码的产品。这种分类在当前国际上的认可程度最高。本文基于 APEC 界定的 54 种环境产品进行数据统计和分析。

二、我国环境产品出口贸易的基本状况

2013 年以来，我国环境产品出口规模均在 800 亿美元以上，环境产品出口额占货物出口总额的比重为 3.4%～3.9%。2015 年达到了最高峰，环境产品出口额高达 892 亿美元。2013—2015 年，环境产品出口额稳定增长；2016—2018 年，环境产品出口额较前期有较大幅度回落，虽然呈逐年稳定增长趋势，但在货物出口总额中的占比逐渐下降（如图 1 所示）。

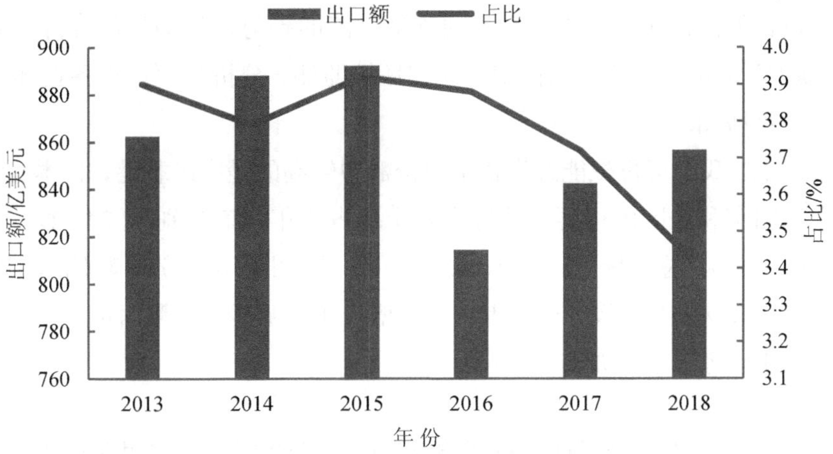

图 1　2013—2018 年中国环境产品出口额及占比情况

数据来源：联合国商品贸易统计数据库（UN Comtrade）。

从我国各类环境产品的出口规模来看，可再生能源设备所占比重最高，其出口额达到环境产品总出口额的 65%以上，但近几年出口额不断降低；环境监测、分析与评价设备和环境保护型产品的出口额和占比呈现逐渐增加的趋势，各自所占比重基本在 10%以上；环境友好型产品的出口额很小，仅占 0.1%左右（如表 1 所示）。

表 1　2013—2018 年中国环境产品出口结构情况

年份	可再生能源设备		环境监测、分析与评价设备		环境保护型产品		环境友好型产品	
	出口额/亿美元	比例/%	出口额/亿美元	比例/%	出口额/亿美元	比例/%	出口额/亿美元	比例/%
2013	668.26	77.48	79.19	9.18	113.87	13.20	1.22	0.14
2014	654.58	73.71	92.74	10.44	139.38	15.69	1.39	0.16
2015	655.55	73.47	93.66	10.50	141.98	15.91	1.12	0.13
2016	562.68	69.10	95.96	11.78	154.61	18.99	1.09	0.13
2017	549.96	65.29	111.68	13.26	180.03	21.37	0.69	0.08
2018	557.75	65.11	118.88	13.88	179.59	20.97	0.37	0.04

数据来源：联合国商品贸易统计数据库（UN Comtrade）。

由此可见，我国环境产品的总体规模和产品结构变动不大。虽然近年来可再生能源设备的出口额和所占比重呈现逐渐下降的趋势，但仍呈现可再生能源设备“一家独大”的情况。环境保护型产品和环境监测、分析与评价设备在环境产品中的比重略有增加。

近年来，我国可再生能源设备出口份额中较高的是中国香港、日本、美国、韩国。上述国家和地区的可再生能源设备市场占比年均值分别为 24.42%、8.54%、7.64%和 6.45%，总市场占比为 50%左右，并呈现出下降趋势。其他国家和地区市场占比小，市场分布比较分散，市场占比增长比较明显的是墨西哥、印度、印度尼西亚、菲律宾等国家（如表 2 所示）。

表 2　我国可再生能源设备的主要出口国家和地区及其市场份额　　单位：%

主要出口国家和地区	2013 年	2014 年	2015 年	2016 年	2017 年	2018 年
全球	100.00	100.00	100.00	100.00	100.00	100.00
中国香港	32.50	25.46	26.83	21.97	21.35	18.46
日本	8.18	11.38	9.31	8.41	7.24	6.72
美国	7.17	8.49	8.71	9.37	6.83	5.32
韩国	6.19	6.79	6.93	6.38	6.41	6.02
墨西哥	4.65	4.98	4.86	6.57	7.36	8.62
马来西亚	3.41	3.24	2.33	2.08	2.54	2.24
印度	3.18	3.01	4.04	7.15	8.52	6.18
荷兰	2.83	2.00	1.69	1.35	0.88	1.15
巴西	2.72	2.24	1.86	2.02	2.67	2.90
越南	2.57	4.18	3.33	3.37	3.33	3.98
德国	2.20	1.74	2.32	2.65	2.88	3.21
泰国	2.16	3.02	2.98	2.50	2.17	2.13
土耳其	2.03	1.50	1.84	1.56	1.45	2.11
波兰	1.52	1.08	1.49	1.64	1.40	0.94
印度尼西亚	1.47	1.93	2.18	2.84	3.25	2.92
斯洛伐克	1.43	1.33	1.13	1.00	1.29	2.24
南非	1.41	1.15	1.49	2.10	2.03	1.12
澳大利亚	1.17	0.50	0.38	0.58	0.30	0.28
菲律宾	1.02	0.97	1.14	1.26	1.67	3.30
巴基斯坦	0.42	0.87	1.20	0.72	0.66	0.59
匈牙利	0.32	0.51	1.17	1.84	1.97	1.35

近年来，我国环境监测、分析与评价设备出口的国家和地区主要为美国、中国香港、日本、德国、韩国等。其他国家和地区市场占比小，市场分布比较分散，且市场份额变动较小（如表 3 所示）。

表 3　我国环境监测、分析与评价设备的主要出口国家和地区及其市场份额　单位：%

出口国家和地区	2013 年	2014 年	2015 年	2016 年	2017 年	2018 年
全球	100.00	100.00	100.00	100.00	100.00	100.00
美国	21.08	20.36	20.77	20.21	19.47	20.42
中国香港	11.37	13.21	12.88	13.51	15.77	14.20
日本	11.70	11.34	10.34	10.08	9.54	8.66
德国	5.71	6.43	7.06	6.52	6.13	7.03
韩国	4.92	4.35	4.55	4.67	4.25	4.49
荷兰	2.77	2.73	3.17	3.21	2.25	2.50
印度	2.77	2.41	2.45	2.73	2.94	3.39
新加坡	2.45	2.12	3.14	2.65	2.60	2.84
泰国	2.18	1.79	2.08	2.00	3.99	2.66
英国	2.21	2.26	2.14	2.20	2.08	2.01
马来西亚	1.63	1.45	1.44	1.44	1.51	1.43
俄罗斯	1.60	1.37	1.17	1.81	1.32	1.45
加拿大	1.66	1.37	1.51	1.48	1.13	1.17
伊朗	1.70	1.77	1.37	1.23	0.97	0.73
越南	0.82	1.55	1.08	1.14	2.14	1.56
巴西	1.34	1.27	1.22	1.04	1.23	1.39
意大利	1.18	1.18	1.11	1.25	1.13	0.99
比利时	1.20	1.06	1.56	1.00	0.94	1.08
印度尼西亚	1.37	0.99	1.03	0.98	0.82	0.94
波兰	0.81	0.84	0.98	1.20	1.15	1.27

我国环境保护型产品出口的国家和地区主要为美国、中国香港、日本和俄罗斯等。同时，可以发现，在环境保护型产品的主要市场中，越南、印度尼西亚、印度和马来西亚等发展中国家及新兴经济体的市场份额相对较大（如表 4 所示）。

表 4　我国环境保护型产品的主要出口国家和地区及其市场份额　　单位：%

出口国家和地区	2013 年	2014 年	2015 年	2016 年	2017 年	2018 年
全球	100.00	100.00	100.00	100.00	100.00	100.00
美国	11.87	11.73	12.90	13.06	15.68	18.44
中国香港	8.32	9.58	8.82	8.09	8.86	8.16
日本	8.10	8.19	7.42	7.88	8.73	8.60
俄罗斯	2.75	2.48	1.83	11.62	7.30	2.02
越南	4.76	4.93	4.98	4.82	4.20	4.40
印度尼西亚	4.82	5.53	5.33	4.72	2.96	4.51
印度	5.85	4.37	3.87	3.74	3.71	3.88
韩国	2.98	2.61	2.66	2.84	2.96	3.94
马来西亚	2.40	2.95	2.85	2.34	2.86	2.54
德国	2.26	2.44	2.60	2.50	2.61	2.60
澳大利亚	2.29	2.52	4.54	1.42	1.60	1.53
泰国	2.23	2.63	2.15	2.24	2.07	1.87
伊朗	1.72	2.47	2.49	1.51	2.34	2.27
土耳其	3.34	1.21	2.02	2.29	1.04	0.79
新加坡	1.24	1.40	1.57	1.34	1.42	1.77
巴基斯坦	0.60	0.66	1.18	2.18	2.23	1.24
沙特阿拉伯	1.73	1.45	1.59	0.97	1.04	0.48
巴西	2.30	1.54	1.17	0.76	0.94	0.91
意大利	1.25	1.20	1.20	1.19	1.14	1.09
菲律宾	1.03	1.32	1.09	0.97	1.10	1.07
墨西哥	1.10	0.73	1.02	0.85	0.84	1.59

我国环境友好型产品出口的国家主要为美国，近年来我国向美国出口环境友好型产品的贸易额占比的年均值近 70%。其他国家和地区市场占比很小，市场分布分散（如表 5 所示）。

表 5 我国环境友好型产品的主要出口国家和地区及其市场份额 单位：%

出口国家和地区	2013 年	2014 年	2015 年	2016 年	2017 年	2018 年
全球	100.00	100.00	100.00	100.00	100.00	100.00
美国	73.09	67.73	61.71	81.06	75.96	57.33
澳大利亚	3.60	3.92	6.08	4.10	4.35	0.95
荷兰	3.08	2.13	2.44	2.24	2.35	4.26
加拿大	3.05	2.80	4.42	0.12	0.15	1.69
朝鲜	1.28	1.29	0.89	0.53	3.28	5.20
波兰	1.73	2.16	1.08	0.82	0.20	0.91
德国	1.38	0.79	1.04	0.99	0.55	0.28
中国澳门	0.41	0.50	2.01	0.84	0.20	0.58
意大利	0.50	0.45	1.02	0.75	0.82	0.07
俄罗斯	0.99	1.37	0.62	0.24	0.17	0.25
伊朗	0.33	1.59	0.85	0.20	0.21	0.16
比利时	1.09	0.71	0.70	0.32	0.25	0.60
墨西哥	1.19	0.91	0.64	0.04	0.11	1.79
马来西亚	0.36	0.69	0.44	0.06	1.09	0.92
印度	0.31	0.58	0.69	0.37	0.67	0.38
格鲁吉亚	0.40	0.22	0.94	0.11	0.04	0.18
日本	0.33	0.25	0.29	0.34	0.47	0.43
韩国	0.31	0.41	0.35	0.32	0.27	0.60
秘鲁	0.46	0.30	0.36	0.15	0.37	1.97
菲律宾	0.33	0.28	0.28	0.19	0.45	1.48

三、环境产品贸易竞争力对比分析

为反映近年来“一带一路”共建国家环境产品贸易的竞争力变化状况，在 APEC 环境产品清单的基础上，选取显示性比较优势指数（RCA 指数）、贸易竞争力指数（TC 指数）、国际市场占有率指数（IMR 指数）3 种有代表性的衡量指标（方法见附件），并选取新加坡、俄罗斯、印度、哈萨克斯坦、泰国、印度尼西亚等环境产品贸易相对活跃的国家，与我国进行相关分析对比。

（一）我国环境产品贸易竞争力分析

随着国际环境产品市场规模不断扩张，我国环境产品的进出口贸易也进一步发展，贸易规模不断扩大。2002 年，我国环境产品出口额仅有 35.42 亿美元，2018 年则达到 856.60 亿美元，增长了 23 倍；我国环境产品出口规模的扩大速度远比货物出口的增速快得多。

2013—2018 年，就我国 4 类环境产品的环境竞争力而言，仅环境友好型产品的竞争力表现出了较为明显的下降趋势，其他 3 类环境产品的市场份额和贸易竞争力基本保持稳定，总体呈上升趋势，不同类型环境产品的竞争力差异较大（如图 2 所示）。其中，可再生能源设备的 RCA 指数大于 1.25，远高于其他三类环境产品，竞争优势较强；且可再生能源设备的 IMR 指数大于 0.2，可再生能源设备的国际市场份额比其他 3 类环境产品大。环境监测、分析与评价设备和环境保护型产品的 RCA 指数大多小于 0.8，TC 指数为负，环境监测、分析与评价设备和环境保护型产品分别呈现出较大竞争劣势、微弱竞争劣势。环境友好型产品不具备竞争优势且变动较大，贸易竞争力呈现出下降趋势。因此，我国仅在可再生能源设备领域形成一定的竞争优势，在其他类型环境产品领域目前还处于劣势，我国环境产品仍存在较大的提升空间。

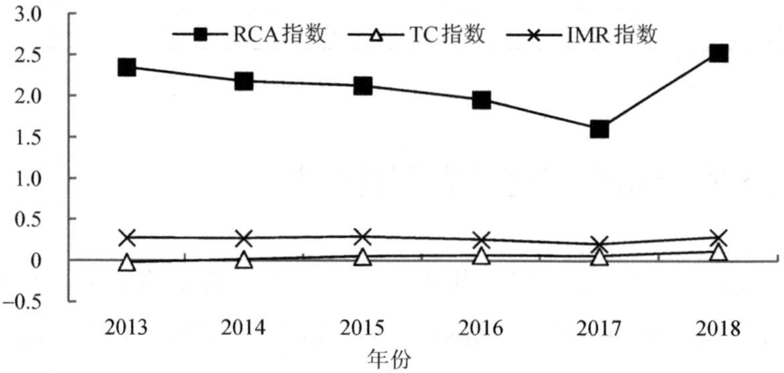

（a）可再生能源设备

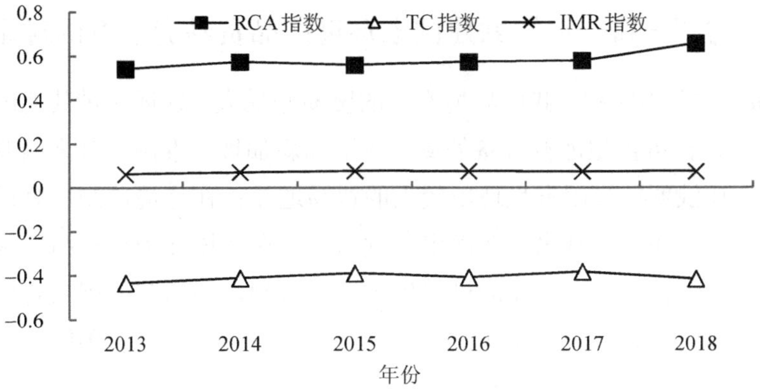

（b）环境监测、分析与评价设备

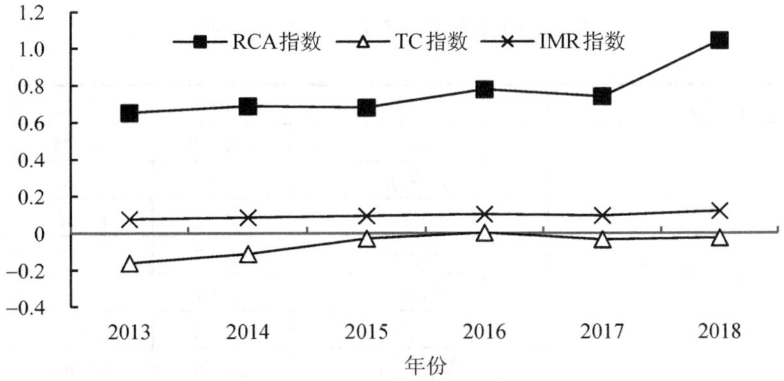

（c）环境保护型产品

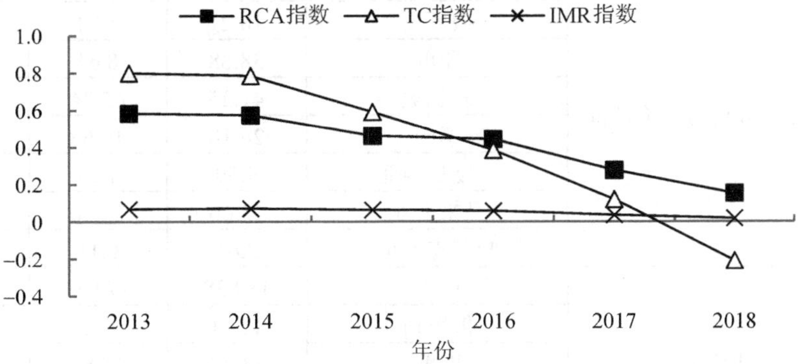

（d）环境友好型产品

图 2　2013—2018 年我国环境产品贸易竞争力指标变动情况

（二）与“一带一路”共建国家环境产品贸易竞争力的对比

“一带一路”国家中，我国环境产品的贸易额最大，远远超过其他国家的贸易额。2018 年，在可再生能源设备领域，我国和新加坡、泰国、马来西亚均呈现出贸易顺差，和俄罗斯等国家呈现出较大的贸易逆差；在环境监测、分析与评价设备领域，仅有新加坡、马来西亚净出口额为正；在环境保护型产品领域，仅有新加坡净出口额为正，其他国家的进口额大于出口额，说明其他国家对该类设备的需求较大；环境友好型产品在 4 类环境产品中的份额最小，各国间差异较大，多数国家表现为贸易逆差（如表 6 所示）。

表 6　2018 年我国与部分国家环境产品贸易额

单位：亿美元

环境产品类型	国家	进口额	出口额	净出口额
可再生能源设备	中国	438.70	557.75	119.05
	俄罗斯	17.52	5.98	−11.54
	印度	48.42	15.94	−32.49
	新加坡	36.57	40.16	3.59
	泰国	26.57	29.42	2.85
	印度尼西亚	19.98	2.13	−17.84
	马来西亚	26.65	48.96	22.31
	哈萨克斯坦	6.27	0.03	−6.24
环境监测、分析与评价设备	中国	289.00	118.88	−170.12
	俄罗斯	16.21	5.93	−10.28
	印度	38.88	8.64	−30.24
	新加坡	41.25	65.24	23.99
	泰国	26.18	10.65	−15.52
	印度尼西亚	9.59	1.28	−8.31
	马来西亚	13.66	20.06	6.39
	哈萨克斯坦	2.61	0.11	−2.49
环境保护型产品	中国	189.38	179.59	−9.78
	俄罗斯	42.81	4.73	−38.08
	印度	33.47	15.82	−17.65
	新加坡	35.94	53.19	17.25
	泰国	16.94	13.86	−3.08

环境产品类型	国家	进口额	出口额	净出口额
环境保护型产品	印度尼西亚	26.52	1.63	−24.88
	马来西亚	24.54	17.58	−6.96
	哈萨克斯坦	4.63	0.16	−4.47
环境友好型产品	中国	0.57	0.38	−0.20
	俄罗斯	0.41	0.14	−0.27
	印度	0.05	0.000 3	−0.05
	新加坡	0.01	0.000 4	−0.01
	泰国	0.025	0.013	−0.012
	印度尼西亚	0.007	0.850	0.843
	马来西亚	0.015	0.040 5	0.025 7
	哈萨克斯坦	0.047	0.000 4	−0.046 5

“一带一路”国家的环境产品贸易竞争力水平差距较大，竞争力整体偏弱。在可再生能源设备领域，我国贸易竞争力较强，市场占有率达到了 20%，远远高于其他“一带一路”国家，其他“一带一路”国家基本不具备此领域贸易竞争优势；在环境监测、分析与评价设备和环境保护型产品领域，新加坡贸易竞争力较强，贸易额相对较低，而我国虽然市场份额比新加坡高，但存在贸易竞争劣势，其他“一带一路”国家也存在较为明显的贸易竞争劣势；在环境友好型产品领域，印度尼西亚具有极强的竞争优势，所占国际市场份额也遥遥领先，其他“一带一路”国家不具备贸易竞争优势或存在竞争劣势（如表 7 所示）。

表 7　2018 年我国与部分国家环境产品贸易竞争力

环境产品类型	国家	RCA 指数	TC 指数	IMR 指数
可再生能源设备	中国	2.534	0.119	0.287
	俄罗斯	0.708	0.491	0.009
	印度	0.925	0.505	0.025
	新加坡	0.958	−0.047	0.019
	泰国	1.034	−0.051	0.014
	印度尼西亚	1.027	0.807	0.010
	马来西亚	1.189	−0.295	0.014
	哈萨克斯坦	1.808	0.989	0.003

环境产品类型	国家	RCA 指数	TC 指数	IMR 指数
环境监测、分析与评价设备	中国	0.656	−0.417	0.074
	俄罗斯	0.291	−0.464	0.004
	印度	0.200	−0.636	0.005
	新加坡	2.074	0.225	0.041
	泰国	0.504	−0.421	0.007
	印度尼西亚	0.080	−0.764	0.001
	马来西亚	1.087	0.190	0.013
	哈萨克斯坦	0.039	−0.918	0.000
环境保护型产品	中国	1.041	−0.027	0.118
	俄罗斯	0.244	−0.801	0.003
	印度	0.386	−0.358	0.010
	新加坡	1.777	0.194	0.035
	泰国	0.689	−0.100	0.009
	印度尼西亚	0.107	−0.884	0.001
	马来西亚	1.001	−0.165	0.012
	哈萨克斯坦	0.060	−0.932	0.000
环境友好型产品	中国	0.151	−0.210	0.017
	俄罗斯	0.512	−0.484	0.007
	印度	0.000	−0.990	0.000
	新加坡	0.001	−0.926	0.000
	泰国	0.046	−0.305	0.001
	印度尼西亚	3.875	0.984	0.039
	马来西亚	0.160	0.465	0.002
	哈萨克斯坦	0.010	−0.984	0.000

四、我国环境产品贸易政策建议

我国环境产品的出口规模不断扩张，但竞争力发展相对滞后。与“一带一路”共建国家相比，4 类环境产品中仅可再生能源设备的贸易竞争力较强，其他类型环境产品的贸易竞争力尚有待提高。为满足“一带一路”共建国家环境产品的贸易需求，并提高我国环境产品的贸易竞争力，提出以下建议。

（一）重视“一带一路”共建国家的环境产品需求

“一带一路”共建国家中，大多数国家环境产品的进口额大于出口额，环境产品需求较大。当前，我国在可再生能源设备领域的贸易额大、贸易竞争力强，产品优势明显，且印度、俄罗斯、印度尼西亚等国家需求量大，因此可将此类环境产品作为绿色“一带一路”建设的重要抓手。尤其是在推进绿色“一带一路”建设过程中，关注各“一带一路”共建国家对环境产品的需求状况，将我国高性能、低成本的可再生能源设备等环境产品与“一带一路”共建国家共享，使这些环境产品在“一带一路”共建国家产能合作过程中发挥污染防治作用。

（二）调整环境产品贸易结构

可再生能源设备贸易在我国环境产品贸易中存在“一家独大”的现象，环境监测、分析与评价设备和环境保护型产品的贸易规模与贸易竞争力与可再生能源设备相比存在较大差距，而“一带一路”共建国家对环境监测、分析与评价设备和环境保护型产品的需求量较大。在此背景下，我国应根据市场需求，调整环境产品贸易结构，将环境监测、分析与评价设备和环境保护型产品推向“一带一路”共建国家市场。

（三）畅通“一带一路”国家环境产品的贸易渠道

“一带一路”共建国家的政治、经济、文化背景差异大，产品标准、贸易自由化程度不一，给环境产品贸易带来一定阻力。为满足“一带一路”共建国家对环境产品的贸易需求，我国与“一带一路”共建国家可以共同制定环境产品贸易的指导意见，积极参与环境产品清单制定，完善环境产品及相关环境服务等标准，积极参与国际标准制定，强化产品的标准互认、区域标准共建，支撑“一带一路”共建国家对环境产品的贸易需求。

（四）提高环境产品的技术水平

环境产品贸易需要环保技术与产品制造的共同支撑，同时贸易竞争力的大小取决于产品的技术水平和创新能力。目前，我国与“一带一路”共建国家环境产品的贸易竞争力整体偏弱，在一些高端环境产品技术方面有待突破（赵跃等，2015）。因此，为提高环境产品的贸易竞争力，应当注重对环境产品的创新，尽可能地提高环境产品的技术含量，从而在国际竞争中尽可能地形成自身的优势。我国在环境监测、分析与评价设备和环境友好型产品领域，贸易额相对较大，但却存在竞争劣势，且“一带一路”共建国家需求量大、贸易竞争力弱，因此有必要提高该领域的科技研发和设备研发能力。

附　件

竞争优势理论

环境产品贸易是国际贸易的组成部分，因此研究环境产品贸易时离不开国际贸易的相关理论。竞争优势理论是由迈克尔·E.波特（Michael E. Porter）提出的，其用竞争优势代替比较成本理论中的劳动生产率概念，用动态发展的思维看待国际贸易。竞争优势理论引入了“技术进步”和“创新”两个全新的因素，指出决定一国竞争优势大小的因素实质上是处于动态变化中的，一个国家应该出口其生产率较高的产品，进口其生产率较低的产品，这样可以促进其国际竞争力的提升。同时，对于一个国家来说，生产率较高的产品的出口发展趋势比该国整体出口趋势更具意义，只要其高生产率产品的出口一直在不停地上升，便可以带动其生产力的提升。在对贸易优势进行评价的指标中，最常用的有显示性比较优势指数、贸易竞争力指数和国际市场占有率指数 3 个指标（刘昂，2017；蒋凯，2016；滕圆合，2016）。

1. 显示性比较优势指数（RCA 指数）

$$\mathrm{RCA}=\frac{X_{i,j}/X_i}{X_{w,j}/X_w} \qquad \text{式 1}$$

式中：$X_{i,j}$ —— i 国 j 类环境产品的出口额；

X_i —— i 国总出口额；

$X_{w,j}$ —— 世界 j 类环境产品的出口额；

X_w —— 世界总出口额。

RCA 指数是衡量一国产品或产业在国际市场竞争力时最具说服力的指标，该指数定量地描述相对出口的表现。当 0≤RCA＜0.8 时，不具备竞争优势；当 0.8≤RCA＜1.25 时，相对优势不明显；当 1.25≤RCA＜2.5 时，竞争优势较强；当 RCA≥2.5 时，竞争优势极强。

2. 贸易竞争力指数（TC 指数）

$$\mathrm{TC}=\frac{X_{i,j}-M_{i,j}}{X_{i,j}+M_{i,j}} \qquad \text{式 2}$$

式中：$X_{i,j}$ —— i 国 j 类环境产品的出口额；

$M_{i,j}$ —— i 国 j 类环境产品的进口额。

TC 指数是 i 国 j 类环境产品净出口额占其进出口总额的比重，介于−1～1。TC 指数越接近于 1，表示该环境产品的竞争力越强。当 TC 指数介于−1～−0.6、−0.6～−0.3、−0.3～0 时，分别表示竞争劣势极大、竞争劣势较大、竞争劣势微弱；当 TC 指数介于 0～0.3、0.3～0.6、0.6～1 时，分别表示竞争优势微弱、竞争优势较强、竞争优势极强。

3. 国际市场占有率指数（IMR 指数）

$$\mathrm{IMR}=\frac{X_{i,j}}{X_{w,j}} \qquad \text{式 3}$$

式中：$X_{i,j}$ —— i 国 j 类环境产品的出口额；

$X_{w,j}$ —— 世界同类产品的出口总额。

IMR 指数指 i 国 j 类环境产品的出口额与世界同类产品出口总额的比值；IMR 指数越大，表明 i 国 j 类环境产品的国际竞争力及国际市场开拓能力越强。

参考文献

冯楠，朴英爱，2015.中日韩环境产品的贸易特点分析[J]. 现代日本经济，（3）：39-50.

胡涛，姬婧玉，2017.论绿色“一带一路”建设中绿色产品的投资与贸易[J]. 环境保护，（16）：36-38.

蒋凯，2016.中国环境产品出口竞争力及影响因素研究[D].南昌：江西财经大学.

刘昂，2017.中国环境产品出口潜力分析[D].大连：东北财经大学.

滕圆合，2016.中国环境产品贸易国际竞争力研究[D].青岛：青岛大学.

温珺，尤宏兵，2017.环境产品贸易自由化能改善发展中国家的环境质量吗[J]. 国际经贸探索，（12）：22-36.

赵跃，陈虹，2015.中国环保产业国际竞争力实证研究[J].学术探索，（8）：66-72.

Cantore N，Cheng C F C，2018. International trade of environmental goods in gravity models[J]. Journal of Environmental Management，223：1047-1060.

Costantini V，Crespi F，2008. Environmental regulation and the export dynamics of energy technologies[J]. Ecological Economics，66（2-3）：447-460.

Costantini V，Mazzanti M，2012. On the green and innovative side of trade competitiveness？ The impact of environmental policies and innovation on EU exports[J]. Research Policy，41（1）：132-153.

International Trade Centre，2014. Trade in Environmental Goods and Services：Opportunities and Challenges[R]. Geneva：ITC.

OECD/Eurostat，1999. The Environmental Goods and Services Industry：On Data Collection and Analysis[R]. Paris：OECD.

Vossenaar R，2013. The APEC List of Environmental Goods：An Analysis of the Outcome &Expected Impact[R]. Geneva：International Centre for Trade and Sustainable Development .

Wan R，Nakada M，Takarada Y，2018.Trade liberalization in environmental goods[J]. Resource and Energy Economics，51：44-66.

出口前预先知情机制
在消耗臭氧层物质进出口管理工作中的实践及建议

宋　阳　王　倩　柳朝霞

出口前预先知情机制（Informal Prior Informed Consent，IPIC）是由联合国环境规划署（United Nations Environment Programme，UNEP）发起的非正式预先沟通机制，目的是协助《关于消耗臭氧层物质的蒙特利尔议定书》（以下简称《议定书》）各缔约方有效实施消耗臭氧层物质（Ozone Depleting Substances，ODS）进出口许可制度，促进进出口贸易双方许可数量相匹配，以使各缔约方进出口量在全球水平及国家水平上均不超过国家淘汰战略或《议定书》中规定允许的年度消费水平最高限值。出口前预先知情机制（IPIC）是在贸易发生前的双边或多边确认机制，强调“事先”。通过该机制的实施，可进一步细化完善我国消耗臭氧层物质（ODS）进出口审批的前端预防管理，防范非法贸易的发生。

一、背景

为有效控制各缔约方消耗臭氧层物质（ODS）的生产量和消费量，保证 ODS 淘汰目标的实现，1997 年，《议定书》缔约方第九次会议通过了《蒙特利尔修正案》，要求各缔约方建立 ODS 进出口许可证制度。1999 年 12 月 3 日，国家环境保护总局、对外贸易经济合作部和海关总署联合发布《消耗臭氧层物质进出口管理办法》（以下简称《办法》），标志着我国开始对消耗臭氧层物质（ODS）进出口正式实施许可证管理。为了做好这项工作，2000 年 7 月，经中央机构编制办公室批准，上述三部门联合成立了国家消耗臭氧层物质进出口管理办公室（以下简称“进出口办”），负责《办法》的具体实施及相关工作的协调组织。截至目前，三部门先后联合颁布了六批受控消耗臭氧层物质（ODS）名录，对每种物质进行单独编码，实施进出口许可证管理。

我国是世界上的 ODS 出口大国，出口目的国超过 120 个，每年的出口数量约为 15 万 t，申请批次约为 3 500 批，出口量约占世界总出口量的 80%。目前，全世界范围内约有一半以上的国家依赖我国的 ODS 进口以满足本国消费需求。对这些国家来说，只要中方管控好出口环节，也就完成了缔约方履约任务。因此，这些国家对中国的 ODS 出口管控动态给予高度关切和期待。

近年来，随着 ODS 的削减，生产国相对较低的 ODS 价格与一些进口 ODS 受限国家的较高价格之间的巨大利润差额，导致 ODS 非法贸易行为呈迅速上升的趋势，给进出口国家双方履约目标的实现均带来了巨大风险。

依据《议定书》和《办法》的具体要求并结合工作实际，进出口办不断细化审批规定，夯实审批基础，与相关国际组织及贸易重点国家保持密切的日常联络，充分利用出口前预先知情机制（IPIC）增强审批的准确性，规避审批风险，防范非法贸易行为的发生。

二、出口前预先知情机制（IPIC）情况介绍

（一）什么是出口前预先知情机制（IPIC）

出口前预先知情机制（IPIC）是由联合国环境规划署在 2006 年发起的一种自愿、非正式的国家 ODS 进出口管理部门之间的事先沟通机制。

出口前预先知情机制（IPIC）旨在对《议定书》下 ODS 的相关贸易进行管控，服务于 ODS 相关贸易伙伴之间的信息交流，并且对含 ODS 的混合物及其产品和设备的贸易在发放进出口许可证前进行确认。该机制通过创建一个安全的在线信息交流平台来支持 ODS 进出口贸易伙伴的相关信息分享。

（二）IPIC 建立以来的发展情况及成效

IPIC 的建立充分协助了各缔约方有效实施进出口许可制度，促进进出口贸易双方许可数量相匹配，约束各缔约方的进出口量在全球水平和国家水平均不超过国家淘汰战略或《议定书》规定允许的年度消费水平最高限值。截至目前，IPIC

已被《议定书》各缔约方认作可用来减少各国进出口数据差异、识别和减少非法贸易的有效工具。

目前，实施 IPIC 的成员国家共有 113 个，其中包括主要生产国、出口国以及转口港，如中国、欧盟部分国家和新加坡等。通过利用 IPIC，相关国家澄清了数百起 ODS 进出口贸易问题，也阻止了多起 ODS 非法贸易事件的发生。2014 年，在报告的 141 个利用 IPIC 的贸易沟通中，68%的交易获得了批准，共计 2 257 t ODS。在 IPIC 下，通过拒绝或取消相关请求，防止了不必要的非法贸易约 545 t ODS，包括氢氯氟烃（HCFCs）和哈龙（Halon）。近年来，IPIC 也被用于筛选氢氟烃（HFCs）的相关贸易。而且 UNEP 也为每个区域指定了 IPIC 贸易相关联络点，可在采取后续行动时为区域内的成员国提供便利（以上信息来自 UNEP 2015 年度 IPIC 报告，截至目前最新的官方数据）。

三、IPIC 在我国 ODS 进出口管控中的实践

（一）我国 IPIC 实践成效

自 2010 年加入《议定书》以来，中国政府一直坚定履行公约义务，始终对 ODS 进出口非法贸易采取“零容忍”态度，与 100 多个国家建立了贸易联系，含众多发达国家（即《议定书》下 A2 条款国家）、低消费量国家及贸易敏感地区的国家。我国主动发起 IPIC 的数量每年约为 300 批次，占审批总量的 1/10，其中 IPIC 不通过的情况约为发起 IPIC 总数量的 1/10。近年来，我国通过 IPIC 阻止了百余起非法贸易事件，涉出口贸易量超 3 000 t，有效防范了非法贸易事件的发生；同时，也缓解了我国出口企业由于非法贸易引发的退运风险，降低了企业成本。

有关国际组织和相关国家对我国的 IPIC 实施工作给予高度认可，我国 ODS 进出口管理相关部门相继获得国际组织颁发的重要奖项：由世界海关组织、《议定书》多边基金秘书处、联合国环境规划署、《议定书》公约秘书处等部门联合颁发的欧洲与中亚网络海关及执法官员臭氧层保护奖（2016 年），由联合国副秘书长、联合国环境规划署执行主任颁发的亚洲环境执法奖（2017 年）以及由联合国环境规划署颁发的全球海关及执法官员《议定书》实施奖（2018 年）。

（二）IPIC 下非法贸易的识别

IPIC 下查发的非法贸易主要有以下几种情况：（1）出口企业负主要责任。例如在非法贸易事件追溯过程中，发现贸易驳回原因确为贸易主体或参与贸易相关方制作虚假单证、虚假包装、伪报品名或申报不实的。（2）贸易中间商负主要责任。例如在进出口贸易环节中涉及多方贸易，经 IPIC 发现确实存在伪造申请材料（进口许可证件、贸易合同等）的非法行为的，在通过调查确认其属于贸易中间商的主观故意情节，而贸易主体仅存在失察和缺乏管理等情形的。（3）进口企业负主要责任。经进一步与进口国确认，发现该笔贸易实际为进口商涉嫌提供虚假单据、伪造许可证的。

（三）运用 IPIC 发现 ODS 进出口非法贸易的典型案例分析

2020 年 3 月，进出口办就一单出口目的国为泰国的 72 t 二氟一氯甲烷（HCFC-22）的出口申请，主动发起与泰国国家 ODS 管理部门的 IPIC 贸易确认。经泰方核实，出口商所持泰国政府的进口许可文件涉嫌伪造，属非法贸易。中方当即驳回上述出口申请，成功阻止了 72 t ODS 潜在的非法贸易。事后经进一步确认，发现伪造的许可证由第三方贸易商提供，中方已将其纳入 ODS 进出口黑名单，禁止其再从事相关贸易活动。同时对该进出口企业进行了批评教育并责其整改，进一步强化主体责任。该事件已在 UNEP 官网和中国保护臭氧层行动官网上进行公开宣传。

四、存在的问题

（一）涉 IPIC 非法贸易问题缺乏处理依据

IPIC 重在前端预防，因此在该环节发生或发现的非法贸易大多存在“未遂情节”，即实际的非法走私并未形成，现行的政策法规对该种违法情节的处罚及适用性不强，导致无法对违法行为进行恰如其分的惩处，违法成本较低，往往只能以较轻的行政手段加以处罚，使违法分子有可乘之机。

（二）IPIC 的实施增加我国出口不确定性

IPIC 发起的根本目的是协调进出口国的贸易差异，确保全球的 ODS 贸易都在管控范围内，避免 ODS 非法贸易及由 ODS 非法贸易引发的非法生产问题。我国通过 IPIC 积极地发挥了防范 ODS 非法贸易发生的作用，在国际 ODS 贸易管控中作出重大贡献。这种非正式的机制、预防性的机制在我国管理与法制实践中并不多见，其起到的积极作用应被推广和借鉴。因 IPIC 的存在，国际上各个国家有了 ODS 国际贸易合作的平台和渠道，形成具有激励效用的评奖机制，各个国家间有了总结交流的机会。

然而，由于 IPIC 以规范和约束出口国的出口行为作为主要实施方式，IPIC 赋予了出口国更大的责任和义务，从而使出口国的审批方式发生了较大变化，从之前公约要求缔约方自主许可的管理方式，变为以进口国的许可为前提的被动管理方式。另外，有些进口国管理能力不足，造成回复不及时、不明确或不正确的情况时有发生，这对我国的 ODS 出口造成了一定影响。

五、解决建议

随着国家的快速发展，我国在国际舞台的影响力和话语权均应与国际贸易地位相匹配。为持续树立我国负责任大国的形象和提升国家“软实力”，需要我国在积极参与现行 IPIC 的同时发挥更大的作用，不断完善现行管理机制。

（一）加强有关政策法规建设

一是梳理分析 IPIC 驳回情况，结合《办法》的修订工作，有针对性地制定涉及 IPIC 非法贸易问题的处罚依据，加大处罚力度，夯实法律基础。二是对 IPIC 的目的、意义及实施方式进行深入研究，结合我国出口实际情况，制定 IPIC 的适用标准、实施细则，规范 IPIC 的实施工作。

（二）加强宣传力度

IPIC 在我国的有效实施，为促进全球履约作出了贡献。应利用国际会议、双/多边合作等多种渠道，进一步加大对 IPIC 实施成果（成功案例）的宣传力度，树立我国良好的履约形象，讲好中国故事。

（三）加强国际合作与交流

利用“南南合作”、绿色“一带一路”等合作平台，与相关发展中国家开展 ODS 进出口管理能力建设合作，进一步提升我国的影响力。

（四）实施 IPIC“度”的把握

鉴于 IPIC 的“非正式”性质，应以不影响履约为前提，兼顾我国出口企业的利益，适度开展 IPIC 相关工作。

参考资料

《关于消耗臭氧层物质的蒙特利尔议定书》，2016. https：//baike.baidu.com/item/%E8%92%99%E7%89%B9%E5%88%A9%E5%B0%94%E8%AE%AE%E5%AE%9A%E4%B9%A6/8551529? fr=.

《国家消耗臭氧层物质进出口管理办法》，2014. 环境保护部商务部海关总署部令第 26 号.

OzonAction，2020. OzoNews，Vol XX，15 April 2020.

Ozone Secretariat，2020. https：//ozone.unep.org/ipic-system-helps-prevent-illegal-shipment-72-tonnes-hcfc-22.

UNEP，2014. IPIC Report 2013-FINAL.

UNEP，2015. UNEnv iPIC brochure 2015 English.

《区域全面经济伙伴关系协定》（RCEP）对我国低碳转型绿色发展的影响分析与思考

李 乐 郑 军 刘 援

一、《区域全面经济伙伴关系协定》（RCEP）的签署及其特点

《区域全面经济伙伴关系协定》（Regional Comprehensive Economic Partnership，RCEP）构想最初由东盟国家（新加坡、印度尼西亚、马来西亚、泰国、文莱、柬埔寨、老挝、缅甸、菲律宾、越南）于2011年提出，并于2012年邀请中国、日本、韩国、印度、澳大利亚、新西兰6个国家参与并启动谈判，历时8年、31轮正式谈判（其间，印度于2019年11月决定退出谈判），最终于2020年11月15日签署。目前，我国已经完成了国内的核准，15个成员国中有9个以上国家批准后，RCEP有望在2022年1月1日正式生效。

RCEP的15个成员国总人口达22.7亿人，国内生产总值合计26.2万亿美元、总出口额5.2万亿美元，均占全球总量的约30%。RCEP的签署标志着世界上人口最多、经贸规模最大、最具发展潜力的全球最大自贸区即将起航。RCEP的15个成员国中既有发达国家，也有发展中国家。总体来看，RCEP以全面、现代、高质量和普惠为目标，并不是以发达经济体为主导的国际经贸规则协定，也兼顾了发展中国家，促进区域内开放、包容、普惠、平衡、共赢发展，有望为其他发展中国家构建区域经贸协定树立典范。

RCEP的体量庞大，条款总共有1.4万页，包含20个章节，涵盖货物贸易、服务贸易、投资、知识产权、电子商务、经济技术合作等多个方面。在协定内容方面，主要有3个特点：一是在货物贸易方面，超过90%的货物最终将达到零关税（采取“渐进式”零关税政策，即部分立即实施零关税，其他在十年内逐步实

施零关税)，服务贸易和投资开放水平显著超过原有的“10+1”自贸协定；二是用负面清单的方式进行投资准入谈判；三是 RCEP 的 15 个成员国之中，只有日本之前没有和我国签署自由贸易协定，因此中日之间通过 RCEP 间接地达成了自由贸易协定。

RCEP 没有设置单独的环境章节，仅在例外的情形中提及环境保护，比如在第 6 章标准、技术法规和合格评定程序，第 10 章投资，第 11 章知识产权，第 17 章一般条款和例外，都将环境保护作为具体规则项下的例外予以处理（俞子荣等，2021）。目前，我国已经签订并生效的 19 个自由贸易协定中，或多或少都涉及环境条款，但与《全面与进步跨太平洋伙伴关系协定》(CPTPP)、《美国—墨西哥—加拿大协定》（USMCA）等内的高标准环境条款相比，RCEP 环境条款的内容覆盖面和约束力水平相对不高。随着 RCEP 临近生效，如何在经济发展水平参差不齐的 15 个成员国之间平衡环境与贸易政策，主动对接 CPTPP 逐步形成区域贸易投资的绿色规则，推动 RCEP 区域经济合作绿色化将成为区域经济高质量发展的重要课题。

二、《区域全面经济伙伴关系协定》（RCEP）的重要影响

（一）RCEP 的推动是亚太区域经济一体化的标志性事件

当今世界正经历百年未有之大变局，新冠肺炎疫情使这个大变局加速演变。在全球疫情常态化的背景下，全球产业链的不确定性大大增加，各个国家的产业链开始转向区域化、本土化。RCEP 在原有东盟自由贸易协定的基础上，扩大了关税降低范围，统一了不同自由贸易协定间的不同关税安排。例如，根据世界贸易组织（WTO）报告，RCEP 各成员国原来在税率上存在较大差距，2019 年缅甸的平均约束税率最高为 82.8%，其次是印度尼西亚，税率为 37.1%。在适用关税税率方面，泰国税率最高，为 29.0%，紧随其后的是越南，税率为 17.2%。RCEP 基于对现有贸易规则的综合与升级，将有效减少贸易壁垒，显著提振各国对经济增长的信心。根据相关学者的预测，到 2030 年，一方面，RCEP 将为 RCEP 地区 GDP 增长贡献约 0.2 个百分点，使世界经济的实际收入增加 1 860 亿美元

（Petri et al.，2020）。另一方面，RCEP 也将促进区域产业链、供应链和价值链的深度融合，推动实现区域贸易投资自由化、便利化，促进区域经济绿色复苏和区域全面可持续发展。

对我国而言，加入 RCEP 是继我国加入世界贸易组织后的又一个重大开放成果。RCEP 成员国都是我国重要的经贸合作伙伴。2019 年，我国与其他成员国贸易总额约占我国外贸总额的 1/3，来自其他成员国的投资额占我国外资总额的 10% 以上。RCEP 生效之后，我国和自贸伙伴的贸易额将由原来的 27%扩大到 35%，达到 1/3 以上，有望对助推我国经济新一轮发展、开拓合作共赢新局面产生深远影响（俞子荣等，2021）。

（二）RCEP 将助力加快构建以国内大循环为主体、国内国际双循环相互促进的新发展格局

RCEP 即将成为我国加快构建新发展格局的重要平台。RCEP 的 15 个成员国产业结构迥异，互补性较强，通过 RCEP 所形成的周边区域大市场将进一步激发区域内各领域合作潜力，形成互利互惠、资源要素优化配置的引力场，促进成员国之间形成相对稳定的产业链、价值链和供应链，服务于改善我国生产要素质量和配置水平，成为我国参与国际循环的重要载体。例如，我国既可以承接日本、韩国等国家的高技术密集型产业，又可以将纺织等劳动密集型产业发展至老挝等东盟国家，有效对接、连通和使用国际国内两个市场、两种资源，进而提升我国产业转型升级和经济社会高质量发展的内生动力。

RCEP 有利于我国在新发展阶段拓展国际合作空间。在经济全球化遭遇逆流、中美贸易摩擦常态化的背景下，RCEP 的生效也有助于我国拓展国际经贸合作空间，进一步降低国际贸易风险。同时，RCEP 的生效实施将进一步打开日本、韩国、澳大利亚、新西兰以及东盟国家的市场，尤其是将第一次实现中日韩在自由贸易区方面的合作，建立“中日韩小循环”，这将为我国外贸经济的稳定增长提供有力支撑，助力“双循环”格局（即以国内大循环为主体、国内国际双循环相互促进的新发展格局）的形成，提高我国产业链、供应链的安全韧性。

（三）RCEP 将为亚太区域低碳经济发展注入新动力

绿色化是全球疫后经济复苏的主流，国际贸易投资中的绿色规则和绿色实践正在加速形成和演变。世界多国把绿色作为产业变革的重要方向，着力推动制定国家中长期绿色低碳发展战略。目前，RCEP 的 15 个成员国中已有 9 个提出了“碳中和”的目标：2020 年 9 月，国家主席习近平在第七十五届联合国大会一般性辩论上郑重宣示，我国承诺力争于 2030 年前达到 CO_2 排放峰值，努力争取 2060 年前实现“碳中和”；日本、韩国与新西兰均提出了在 2050 年前实现“碳中和”的目标；新加坡将实现“碳中和”作为其长期战略的最终目标；老挝、柬埔寨、缅甸等国家的低碳发展战略也在积极探讨中。在此背景下，RCEP 的签署和实施将为促进区域经济绿色复苏、低碳发展提供新的动力和合作基础，也对区域内现有环境资源平台的整合与升级提出新的要求和发展契机（许勤华等，2021）。

在 RCEP 成员国“碳中和”战略的背景推动下，将有望掀起区域内经贸结构从传统的经贸产业结构向以绿色低碳产业为核心的国际新型经贸结构演变的新热潮。RCEP 区域内能源储量丰富，开采量保持较高水平。澳大利亚是全球第二大液化天然气的出口国与第二大动力煤出口国。印度尼西亚和马来西亚拥有丰富的石油、天然气和煤炭储量。而日本和韩国具有先进的技术，大部分东盟国家相对我国而言具有较低的人力成本优势。在关税壁垒大幅降低的情形下，RCEP 可能加速资源密集型、劳动密集型产业向东盟、澳大利亚等 RCEP 成员国转移，这将推动我国产业结构优化升级，有助于我国实现绿色低碳产业转型的目标。相关研究结果表明，RCEP 生效后，我国各产业中受益最大的是纺织服装业，其次是轻工业，这两种产业都是我国传统的优势出口产业。农产品、建材和电子设备产业的产出也有少许增加，但汽车及零部件产业、石油化工产业因受到其他 RCEP 国家（如日本）的竞争影响，将受到一定程度的冲击（梁一新，2020）。

三、有关思考与建议

RCEP 区域是全球最大的自由贸易区，通过调动区域内生产要素的自由流动和促进区域经贸结构的升级调整，RCEP 将为区域经济绿色复苏和可持续发展提供新的动力和合作平台；由于 RCEP 并未设置专门的环境相关章节，这也将为我国经济社会绿色低碳转型带来新的机遇和挑战。下一步，建议从以下几个方面加强 RCEP 区域内绿色低碳发展趋势研判和风险防范工作。

一是加强 RCEP 框架下绿色贸易、低碳投融资等领域的国际合作与交流，推动 RCEP 地区成为低碳创新发展的新力量。在“碳中和”背景下，应将绿色低碳作为 RCEP 面向未来的合作支点，深入研究 RCEP 区域经济合作对我国贸易结构、产业结构、产业链、供应链、价值链等方面的影响及环境效益，探讨在贸易框架下加入低碳环境措施，积极推动 RCEP 各成员国政府、企业以及国际组织就绿色贸易、绿色投资、绿色供应链、价值链等开展广泛对话、深入交流与务实合作，扩大区域内绿色贸易与投资共识，厚植 RCEP 区域发展的绿色底色。

二是加强对成员国产业与环境政策的比较研究，更好满足低碳经济下新的制度供给需要和监管要求。RCEP 合作框架中涵盖了简化合作程序的多种方式，鼓励各成员国对标准、技术法规和合格评定程序要相互理解，带动绿色标准在区域内的流动与扩散，这样不仅减少了技术壁垒，还将扩大低碳合作的范围。建议加强对各成员国产业与环境政策以及标准的比较研究，收集汇总各国在相关产业的绿色标准和规则，促进各成员国国内相关规章制度对标区域内先进标准。

此外，在 RCEP 区域合作的新形势下，我国生态环境保护国际合作在环境与贸易、固体废物与化学品进出口管理、生物多样性保护等方面面临新的制度供给需求和监管能力要求。建议要有机结合应对气候变化、臭氧层保护、生物多样性保护、化学品管理等重要环境国际公约履约工作，推动我国与 RCEP 成员国在环境产品、低碳产品、贸易投融资绿色化等领域的政策协调与对接。

三是为进一步对接 CPTPP 等框架下的国际高标准绿色低碳贸易规则做好充足准备。我国已积极表态考虑加入 CPTPP，虽然 RCEP 没有专门的环境相关章节，但 CPTPP 对环境保护进行了高标准的规定，明确把多边环境协议中相关义务纳入自由贸易协定框架中。RCEP 的 15 个成员国中有 7 个目前已经是 CPTPP 成员国，包括我国在内的其余 RCEP 成员国也在积极谋求加入。我国应在 RCEP 生效实施之后，在“碳中和”目标框架下统筹谋划对接国际高标准区域贸易协定的相关环境条款以及区域低碳创新和绿色标准体系。

四是提前思考应对 RCEP 合作框架下贸易数字化给区域投资发展带来的变

革。当前全球正在开启新一轮以数字经济为核心的科技革命和产业变革，在未来贸易数字化的时代，数字化将渗透到跨境商品贸易和生产流动等传统贸易投资的各个环节，能源和资源的使用效率有望显著提高，同时区域贸易和投资的边界也将逐渐模糊化。RCEP 借助信息技术的推广，对海关通关手续进行了简化，通过“预裁定”“抵达前处理”等方式，提升了跨境物流效率，区域内通信产业的快速发展与电子商务领域对数据流动与存储的系统性规定进一步降低了国际沟通成本，有利于提升产业集群的循环化水平，降低产品生产成本。对此，建议在 RCEP 区域经济合作框架下，深入考虑贸易数字化给我国绿色转型低碳发展带来的新机遇和挑战，尤其是谋划做好数字经济时代绿色贸易、绿色投融资、绿色供应链等领域的趋势研判和对策研究。

参考文献

梁一新，2020. 中美贸易摩擦背景下加入 RCEP 对中国经济及相关产业影响分析[J].国际贸易，（8）：38-47.

许勤华，袁淼，2021. RCEP 开启区域全面可持续发展进程[J]. 现代国际关系，（3）：49-56.

俞子荣，袁波，王蕊，等，2021. RCEP：协定解读与政策对接[M]. 北京：中国商务出版社.

Petri P A，Plummer M G，2020. East Asia Decouples from the United States：Trade War，COVID-19，and East Asia's New Trade Blocs[R]. Working Paper Series， WP 20-09.

国际自由贸易区（港）绿色低碳发展实践与经验研究及对我国自由贸易区建设的启示

张泽怡　郑　军　花瑞祥

自由贸易试验区（以下简称“自贸试验区”）的建设是新时代我国深化改革开放的重要战略举措，不仅是我国改革开放的前沿阵地，也是适应新时代发展要求、促进国家经济转型升级、贯彻新发展理念、构建新发展格局的重要“试验田”。2013 年，我国成立“中国（上海）自由贸易试验区”，目前已建有 21 个自贸试验区，自贸试验区已成为推动国民经济增长、促进经济高质量发展的重要支撑。

生态环境是自贸试验区竞争力和发展的基础，我国自贸试验区起步较晚，与国际成熟的自贸区相比仍存在一些差距。尤其是在践行绿色发展理念上，与国家对自贸试验区的高标准战略目标定位相比，还存在较大差距。为此，生态环境部高度重视并支持自贸试验区建设，出台了《关于加强自由贸易试验区生态环境保护推动高质量发展的指导意见》，为加强自贸试验区生态环境保护，促进高质量发展提供了顶层设计和方向指引。本文旨在收集和总结国际成熟自由贸易区（以下简称“自贸区”）的相关实践经验，为补齐我国自贸试验区生态环境保护短板和促进自贸试验区绿色发展提供参考。

一、国际自贸区（港）的绿色低碳发展实践与经验

目前，世界范围内成熟的、具有持续创新发展态势的代表性自贸区主要有以新加坡、中国香港为代表的整体型自由港，以美国纽约—新泽西港、韩国釜山港等为代表的自由贸易港区，以荷兰鹿特丹港为代表的保税仓储型自贸港，以阿联酋迪拜为代表的工贸结合型自贸区，以巴拿马科隆为代表的贸易型自贸区等。这些自贸区（港）发展模式各有特点，但都建立在高度自由的市场经济之上，实施

低限度的政府干预和高水平的政务服务供给措施，并在税收、土地租金、基础设施服务等方面为企业提供了最大便利，以保持自贸区（港）的经济发展活力，实现自贸区（港）内企业的升级换代。与此同时，这些自贸区（港）在践行绿色低碳发展、保护生态环境方面，普遍拥有强烈的创新意识和实践基础，其各具特色的低碳发展经验值得国内相关自贸试验区参考和借鉴。

美国纽约—新泽西港是世界上最大的自由港之一，发展历史悠久，港口腹地广大，辐射美国东北部地区，是美国经济发展水平最高的地区，享有美国“经济心脏”之誉。纽约—新泽西港在节能减排方面做出了多方面尝试，成效显著。

新加坡拥有具全球影响力的综合性自贸区，是一个高度发达和成熟的国际自由港，在转口贸易、临空经济、石化经济以及金融创新领域均表现出色。新加坡共设立了 8 个自贸区，均实行企业化运营管理，实现了跨部门高效合作和创新管理。新加坡是金融、科技、创新产业及化工产业相结合的混合型自贸港，其建设经验尤其值得我国工贸结合型自贸试验区以及海南自贸试验港学习和借鉴。

中国香港同新加坡相似，属于港区一体型发展的自贸港。中国香港是全球最自由的商贸中心之一，香港人的日常活动大部分集中在高楼大厦内进行，维系高生产总值经济需消耗大量能源。为此，香港特区政府将推动城市建筑节能减排作为应对气候变化和绿色城市建设的重要举措。其有关建筑物节能减排的先进技术和管理经验也值得学习和借鉴。

荷兰鹿特丹港、阿姆斯特丹港是历史悠久的世界大型保税仓储型自贸港，也是全球重要的物流中心。其显著特点是拥有发达的物流和交通体系，并一直致力于探索便捷通关和清洁交通，值得我国天津、连云港等以仓储物流业为主的自贸试验区学习和借鉴。

（一）自贸区规划设计与运营管理中有效贯彻绿色低碳发展理念

1. 严格规范自贸区（港）土地的使用与管理

中国香港地域狭小、人口稠密。为尽可能减少城市化对生态环境的不利影响，在自由港建设中，中国香港对生态环境执行高标准保护，严格控制土地出让，实行区港一体化，致力于使全区发展成为一个自由贸易港区。香港规划署数据显示：中国香港 2019 年工业用地和工业区（科技园）面积仅占土地总面积的 0.9%，市区已建设面积仅占土地总面积的 24.9%，其余 75.1%均得到良好的生态保护。

新加坡也是著名的旅游港，并且十分重视生态环境保护，在土地规划中优先对绿色空间用地进行预留和保护。良好的生态环境和绿色的城市面貌促进了新加坡旅游产业的发展，也间接带动了自由港商品贸易的发展。新加坡工业用地供应方式灵活，主要采用国有土地租赁和标准厂房租赁两种形式，租期较短，且对不同产业项目实行差别化租金管理，对入驻企业进行每 3 年 1 次的全面绩效评估考核，考核不达标的企业将被清退出园，以确保及时调整和优化自贸港内的企业组成和产业结构。

此外，新加坡城市实行“白地”规划（White Site Planning），这是由新加坡市区重建局（URA）在控制城市开发中创造的一种规划实践，是指对暂时不能确定用途的土地不确定规划指标，先铺上草坪闲置，然后每 5 年对规划做 1 次调整，并评估土地价值，在适当的时候投入市场。这样做有利于土地的集约利用，避免土地被低产出率的产业占用，导致未来的城市发展中无地可用的情况。

韩国自贸区土地实行“修建—移交—运营”的特许经营权类型项目（BTO）管理模式。政府拥有绝对的土地使用权和设施所有权，企业向政府申请特许经营权后，按照相关法律规定的环保、安全、规划等要求进行基础设施建设，建设到位后方能获得运营权，此举有效提高了土地与设施的利用效率。

2. 自贸区（港）规划设计和建设的绿色低碳化

新加坡的工业规划和基础设施设计等工作由新加坡贸易与工业部附属的新加坡裕廊集团公司（JTC）负责。进入 21 世纪，新加坡经济经历了从投资驱动到创新驱动的巨大转变。工业创意、创新和企业得以紧密结合，促进了新加坡绿色发展格局的形成和持续升级。可持续发展是 JTC 的工作核心，贯穿于工业空间和创新区规划、设计、建设和管理之中，以平衡生态环境保护与开发商业需求，并整合强大的物流和连通性基础设施以减少直接排放。

为确保安全、高效和可持续地开发项目，JTC 在设计和施工中利用高新技术和全球最佳实践，甚至在施工之前，就使用虚拟设计和施工来最大限度地减少资源浪费和存在潜在危险的现场活动。此外，发挥绿色标志认证的功能，以确保每个开发项目完成后，所有地区和开发项目都获得最低限度的绿色标志认证。

JTC 也推出针对老旧建筑的翻新改造计划，来优化能源和水的使用效率。较旧的建筑物经过翻新，增加了光伏板、低辐射率玻璃和智能传感器等，因地制宜采取污水回收、垂直绿化，在建筑物中安装集中式供冷系统，并加强对建筑物的智能集中控制优化运营来降低碳排放强度。

新加坡特别重视港口设计和建设，尤其关注港口发展项目的环境影响。例如，裕廊海港翻新码头均采用绿色建筑科技，包括翻新工程重新使用原码头的混凝土，并采用环保水泥、钢网及螺纹钢筋等获认证的绿色建筑材料；100%使用在码头收集的天然雨水进行灌溉，还使用以缓慢速度排水到主要沟渠的预防水灾系统、安装在仓库屋顶的太阳能电池板以及空气质量监管系统等。

此外，新加坡还采取样板试验的方法，鼓励创新设计和应用。JTC 与新加坡经济发展局于 2010 年共同发布了占地 50 hm^2 的"绿色科技公园"（CleanTech Park）的总体规划，这是新加坡第一个生态商业园区，也是一个大型的综合性"生活实验室"，可供创新者用来开发、测试和展示其尚未商业化的生态可持续解决方案。为公司提供了房地产和建筑级别的试验机会，以展示和验证其解决方案，从而加快了其进入市场的速度。该生态商业园的独特之处在于多层总体规划，旨在将现有的地形、生物多样性和绿化与新的发展业态融为一体。例如，尽可能利用自然地形来建立房地产的雨水管理系统，收集雨水并将其导入存储库以供再利用。

中国香港在建筑设计和旧建筑翻新方面十分注重环保节能。2015 年，香港特区政府环境保护署、发展局、运输及房屋局联合发布《香港都市节能蓝图 2015—2025+》，主要瞄准城市建筑物，力争在 2025 年之前达到将能源强度减少 40%的目标（以 2005 年作为基年）。中国香港的绿色建筑节能行动主要分两个方面开展：一方面是倾力把握新建建筑物的潜在机遇，令其更具能源效益；另一方面是对现有建筑物进行能效检验和改造。

香港特区政府规定：所有建筑面积超过 10 000 m^2 的现有政府建筑物应定期进行碳审核，其目的是通过对建筑物的耗能设备进行系统性检验，寻找优化能源管理的机会，提高建筑物的能源效益。在旧建筑改造方面，重点关注节能问题。例如，设置遮阳抗热设备，采用具有能源效益的电力、照明、电梯和自动扶梯装置，采用散热性能高的构筑面料、太阳能热水系统、节能空调装置、水冷式冷却系统、热回收系统等。

3. 在自贸区管理中运用区块链技术创新管理模式

近年来，主要经济体国家在金融、物流、公共服务等领域着力开发和应用区块链技术。区块链技术在自贸区内的运用能整合自贸区在功能、政策、监管、法制等方面的行政服务职能，优化自贸区的投资和运营环境，并为公共服务提供便利。

迪拜在区块链应用领域处在世界领先地位。迪拜政府于2016年启动了覆盖全市的区块链技术战略，基本实现在2020年时成为全球首个以区块链技术为动力的城市。迪拜的“碳大使计划”的主要目标是激励青年参与解决气候变化、可持续能源和自然资源保护等国家及全球问题。该计划由迪拜电力和水务局、联合国开发计划署和迪拜碳卓越中心共同创建，该计划积极培训区块链技术青年人才，为参与者提供在区域环境保护计划中利用区块链技术所需的关键技能，教会参与者如何利用区块链技术以及环境保护计划中的其他创新模式。

（二）多措并举高标准推动实现自贸区的节能减排目标

1. 积极参与所在城市和有关国际组织的节能减排行动

自贸区（港）的节能减排行动往往与所在城市或加入的相关国际组织的节能减排目标和行动相联系，进而积极作为，主动完成所在城市或国际组织的减排目标或提出更高标准的减排目标。例如，美国纽约市在2014年提出了一项重要的减排计划，即到2050年，温室气体排放量将比2005年减少80%，称为“纽约80×50目标”。该目标主要通过能源、建筑、交通、垃圾4个方面实现。纽约市政府采取了相关行动，如增加对大规模可再生能源、能源储存的直接和间接投资；提高城市发电机的效率和排放要求；扩大深层能源改造的规模，从整体上解决供暖系统、冷却系统和建筑围护结构问题；扩大分布式太阳能；为新建筑和重大改造实现卓越的能源性能；投资铁路、海运和其他基础设施以提高货运效率；废水处理操作的能量回收；减少商业废物收集和处置的排放等。这些都为美国纽约—新泽西港的节能减排作出重要贡献。美国纽约—新泽西港在2014年形成了相对完善的清洁空气战略体系，其设定每年平均减排3%的污染物和5%的温室气体目标，与“纽约80×50目标”相比具有更高标准。

2018 年，国际港湾协会（IAPH）与世界上一些主要的港口组织合作领导并启动了“世界港口可持续发展计划”（WPSP），旨在根据《联合国 2030 年可持续发展议程》及其 17 个可持续发展目标（SDGs）促进世界港口的可持续发展。伙伴组织包括 38 个国家和五大洲 71 个港口的 120 个项目，涵盖了世界上许多沿海自贸区（港），正在成为可持续港口发展的全球宝库。

WPSP 投资组合中，有超过 1/3 的港口项目涉及气候和能源领域。设有专门的“世界港口气候行动计划”（WPCAP）。其中，减少船舶温室气体排放是这一类别中的最优先事项，包括陆上电力供应、激励表现最佳的船只、投资基础设施以提供低碳燃料和港口停靠优化。参与港口主要包括纽约—新泽西港、鹿特丹港、阿姆斯特丹港、洛杉矶港、长滩港、汉堡港、巴塞罗那港等世界大港。WPCAP 在基于对《巴黎协定》认同的基础上，在供应链效率、船舶动力解决方案、低碳燃料和货物装卸脱碳等方面进行技术和方案信息分享并开发相关项目。

国际城市和港口协会（AIVP）在 2018 年根据《联合国 2030 年可持续发展议程》及其 17 个可持续发展目标启动了“AIVP 2030 议程”。该议程将全球治理可持续发展目标转化为港口城市的背景目标，帮助港口城市利益攸关方制定有助于可持续发展和港口城市关系的项目和计划，激励港口城市按照“AIVP 2030 议程”采取积极行动，并最大限度地利用其投资和资源，在适应气候变化、能源转型与发展循环经济、可持续交通、保护生物多样性、污染治理等 10 个目标上努力找寻创新解决方案。

国际海事组织（IMO）、海洋环境保护委员会（MEPC）和国际港湾协会（IAPH）均致力于在港口停靠优化、节能船舶港口激励措施、清洁海洋燃料和陆上电力供应方面采取具体措施。2018 年，MEPC 通过了一项关于减少船舶温室气体排放的初步战略，设想到 2050 年国际航运的温室气体总排放量至少比 2008 年减少 50%。2019 年，MEPC 与 IAPH 通过了决议，邀请成员国鼓励港口和航运部门之间的自愿合作，为减少船舶温室气体排放作出贡献。例如，提供陆上清洁电力供应保障；低碳和零碳燃料的安全高效加注；低碳和零碳航运的激励措施；以及支持优化港口停靠，包括便利船只及时抵达等办法。

2. 采用多种技术手段大力推广和使用清洁能源

在降碳减排方面，纽约—新泽西港按污染来源类别和港口业务部门的不同，分类采取不同的应对措施。针对海洋相关活动中颗粒物和二氧化硫（SO_2）最大来源的远洋船舶，实施清洁船舶计划，合作开发用来评估清洁船舶标准的环境船舶指数，推行使用低硫燃料的激励计划和近港船舶减速计划，在邮轮码头安装岸电等；对于碳排放第二大来源的货物装卸设备，纽约—新泽西港港务局投资了224万美元，用于海运码头运营商购买清洁能源驱动新设备的奖励；针对重型柴油车（卡车），纽约—新泽西港港务局动用超过6 200万美元，对港口和附近地区的卡车车型进行全面升级，并采用激励机制对不符合标准的车辆和车型进行淘汰。

新加坡政府正在推动液化天然气（LNG）成为未来航运业的燃料，并出台了一系列激励措施。2012年，总投资达17亿新加坡元的新加坡首个液化天然气接收终端在裕廊岛投入使用。新加坡海港局（MPA）还预留了840万美元作为海事创新和科技基金，以支持新LNG供气船建造。2020年，已有两艘液化天然气海上供气船建造完成。新加坡还大力推广使用太阳能，以减少对电网的依赖以及化石燃料的燃烧。裕廊集团推出了新加坡首个太阳能发电协议，允许向电网全面出口太阳能。在这一新模式下，将在27座裕廊大楼的屋顶安装并供应太阳能。裕廊集团还正在探索出租闲置土地用于太阳能发电。

荷兰鹿特丹港则要求安装港口岸基电源，规定所有内河船舶在鹿特丹港公共泊位停靠时必须关闭自身动力系统，转而接入港口提供的岸电以维持停泊期间的电力所需。荷兰阿姆斯特丹港还推出绿色能源综合解决方案，旨在推动港口当局与其产业集群合作，并赋予废物新的经济用途。其中一个高度创新的例子是在阿姆斯特丹港建造了一个将塑料转化为柴油的工厂，目标是每年将35 000 t塑料加工成3 000万L燃料，由于生产的燃料比普通柴油排放的CO_2减少80%，此举将有可能减少约57 270 t CO_2排放。

（三）创新自贸区生态环境保护机制和政策手段

1. 实施自贸区绿色财税和补贴政策

美国采取多种财政税收和支出政策发展绿色经济，财政税收种类包括消费税、开采税、化学品税、环境税等，财政支出政策是扶持绿色经济发展的措施，包括财政投入、发展风险投资等财政补贴政策。财税政策着重于鼓励提高能源利用效率，研究开发清洁能源，推动绿色产业发展。

为促进清洁和绿色航运发展，2011 年，新加坡海港局（MPA）推出了“新加坡海事绿色倡议”。倡议包括绿色船舶计划（GSP）、绿色港口计划（GPP）和绿色科技计划（GTP）。在绿色船舶计划中，新加坡为鼓励船舶减少 CO_2 和 SO_x 排放，明确如果船舶的节能设计超出规定指数要求，或采用优于排放限值的废气洗涤技术，则可获得首次注册费优惠和年吨税退税。在绿色港口计划中，为鼓励靠泊新加坡港的船舶减少大气污染物排放，规定如果船舶使用拿到许可的废气减排、洗涤技术或清洁燃料，则可获得港口税折扣。在绿色科技计划中，为鼓励本地航运公司开发和采用绿色技术，可提供高达 50%的补助，资助绿色技术的解决方案及系统的开发和应用。

荷兰鹿特丹港则对节能环保型远洋船舶减免港务费。为奖励那些参与环保型船舶指数认证的船舶，自 2011 年起，对环保型船舶指数（ESI）得分在 31 分及 31 分以上的环保型远洋船舶，给予 10%的船舶港务费折扣。此外，如果船舶的 NO_x 排放量得分也在 31 分及 31 分以上，该船舶将会获得双倍的港务费折扣。

2. 发展自贸区绿色金融产业

新加坡作为亚洲金融中心之一，自 2017 年起开始以新加坡金融管理局（MAS）为突破口，通过发布绿色债券认证资助计划、与国际金融公司签订备忘录等方式助推国民经济乃至区域经济的绿色转型。2019 年 11 月，新加坡金融管理局宣布启动一项 20 亿美元的“绿色投资计划”，以进一步推进绿色金融在本地市场的成熟。自 2017 年起，新加坡本地的绿色债券开始受到市场青睐，并在 2019 年达到了 48 亿美元的发行量，相比 2018 年同比增长近 400%。目前，新加坡是东盟最大的绿色金融市场，其绿色债券和绿色贷款约占东盟发行量的 50%。

3. 自贸区与行业和社区等合作开展生态环境保护

新加坡 JTC 的“行业可持续发展计划”旨在与行业和社区开展合作，以提高公众意识和参与创建可持续发展的环境。例如，慈善机构和花园城市基金会合作，邀请相关组织和社区参与工业园区植树计划、珊瑚礁花园种植计划、新加坡植物园种子库计划，以绿化园区环境和保护生物多样性。

韩国釜山港启动了一项 15 年未使用的滨水空间的改造项目，以重塑未使用的港口空间。该项目启动后，创建了一个 7 400 m^2 的游泳池综合体、一个 8 900 m^2 的露营地和一个免费的户外足部水疗中心，为低收入家庭提供低价准入和免费活动，不仅优化了自贸港环境，也为当地青年及老年社区成员创造了就业机会。

（四）改善自贸区（港）交通网络和运输能效

鹿特丹港提出了“转变交通运输方式计划”，旨在推动货物运输方式由公路向水路、铁路等清洁运输方式的转变。在政策方面，实行鼓励内河运输的奖励计划，对符合规范的内河运输船舶给予经济补贴；开通来往鹿特丹港与德国的货运专列，以增大海铁联运比例；出台“减少高峰车流”等相关政策。

《鹿特丹港口规划 2030》（*Rotterdam Port Planning to 2030*）中提出，到 2030 年要将内河运输以及铁路运输的总比例提高至 65%以上。鹿特丹港“转变运输方式”这一集疏运体系战略计划的实现，将改善现有自贸港的集疏运体系现状，缓解公路集疏运体系压力，促进港口的可持续发展，也将使鹿特丹港形成以铁路、水路集疏运为主体，公路集疏运为辅助的低能耗、低污染、高效率的综合集疏运体系。

纽约—新泽西港首先对铁路部门进行技术革新，升级了发动机并大力推动低硫柴油的使用；另外，着重加大对铁路的投资，动用超过 6 亿美元资金在所有集装箱码头建立码头铁路，以尽可能替代卡车运输。

二、我国自贸试验区绿色发展的探索与实践

（一）我国自贸试验区绿色发展的现状

从我国 21 个自贸试验区的实践来看，各地采取了多种举措以促进自贸试验区绿色化发展，尤其是在绿色贸易、打造低碳园区、提高生态环境管理服务能力、创新生态环境保护机制等方面，开展了积极的探索和实践。

一是在促进绿色贸易方面，四川自贸试验区积极支持认证对象开展低碳产品贸易，对低碳认证出口产品实施通关便利化。陕西自贸试验区大力开展低碳环保、节能、有机等绿色产品认证。山东自贸试验区对符合国家生态环境保护要求、允许进口的高附加值产品给予通关便利。天津自贸试验区探索建立绿色供应链管理

体系，积极鼓励开展绿色贸易。

二是在打造低碳园区方面，海南自贸试验区探索实行最严格的生态环境保护制度，积极尝试“零碳岛”建设。深圳海事局大力推进船舶大气污染物排放控制区建设，联合深圳、香港有关部门和科研机构完成船舶大气污染排放监测监管关键技术研究，探索实践自贸试验区内港口邮轮、高速客船以及其他船舶的油污水和生活垃圾“零排放”。上海自贸试验区优化港口集疏运体系建设，促进中转集拼、沿海捎带等业态发展，推进内河航道及沪通铁路建设，推进轨道交通网络建设，提升轨道交通运输能力，加强轨道交通网、公交线网的有机融合。

三是在提高自贸试验区生态环境管理服务能力方面，湖北自贸试验区、上海自贸试验区、四川自贸试验区在简化程序、缩短办理流程和时长、依法下放省级行政审批事项及免于办理环评手续等方面采取了有效举措。上海自贸试验区和广州南沙自贸试验区对新建项目实施环评审批与排污许可“两证合一”的管理新模式。

四是在创新生态环境保护机制方面，湖北、湖南、江苏自贸试验区积极开展排污权储备与交易机制。天津自贸试验区推动区域绿色金融市场一体化，京津冀排污权交易市场和碳排放权交易市场可在自贸试验区内开展三地合作，促进区域排污权指标有偿分配使用。河北自贸试验区雄安片区依托现有交易场所开展碳排放权、水权、新能源现货交易。天津、南京、广州南沙自贸试验区等引入绿色金融机构，并配套出台相关地方政策和扶持办法。

（二）现阶段自贸区（港）绿色发展转型面临的不足

2021 年，生态环境部印发的《关于加强自由贸易试验区生态环境保护推动高质量发展的指导意见》中指出，我国自贸试验区发展定位不同，结构布局不同，生态环境管理水平也有较大差异。个别自贸试验区仍存在一些问题，例如化工、印刷等行业占比高，高碳产业转型不足；能源结构、运输结构调整不足，清洁能源使用和替代推动力度不够，新能源货车占比不高；环境管理创新多集中在环评审批，其他生态环境领域创新不足等。个别自贸试验区存在侵占自然保护地、违规填海等严重生态环境违法行为等问题。为此，有必要有针对性地采取措施，全面接轨国际先进经验和实践典范，大力创新生态环境管理模式和制度，将我国自贸试验区加快打造成为国际绿色发展样板区。

三、我国自贸试验区绿色发展的国际经验借鉴

（一）将绿色发展理念落实在自贸试验区规划设计与建设管理之中

一是自贸试验区土地使用与管理不同于一般的开发区，要准确把握其地理、资源优势，高效节约利用自贸试验区土地，加强政府在自贸试验区土地使用和土地规划中的控制权。借鉴中国香港、新加坡等自贸区经验，严格规范土地出让，重视自然生态保护，尤其是要注意将自贸试验区规划与我国生态环境“三线一单”（生态保护红线、环境质量底线、资源利用上线和生态环境准入清单）相结合。以所在自贸试验区长远规划及战略定位为依据，综合考虑选择入驻企业，因地制宜学习和借鉴国际成熟自贸区关于土地租赁、绩效考核评价、税收调控等的操作手段，不断优化调整产业布局，推动自贸试验区产业结构绿色化发展。

二是坚持将生态环境保护理念贯穿于整个自贸试验区建设的全过程，做到先规划后建设，不仅要做好园区布局、基础设施建设等大规划，也要做好建筑材料、排污收集与处理、运输工具节能、公共绿地建设等小规划。可以学习、借鉴新加坡等地的绿色标志制度，确保自贸试验区内每个项目开发完成后，都要获得最低限度的绿色标志认证才能通过验收，以此提高和保证自贸试验区的整体环保水平。利用自贸试验区的创新资源优势，在我国自贸试验区内开展区块链技术和应用实验，利用区块链技术解决自贸区内生态环境监测、公开执法、服务等问题。借鉴迪拜区块链技术的运用经验，提升区域链技术在我国自贸区发展中的战略作用。

（二）积极参与所在地区和相关国际组织的可持续发展行动

首先，我国自贸试验区所在城市多为重要的国际都市、区域中心城市、重要港口城市、重要交通枢纽、旅游目的地等，理应更加重视生态环境保护工作，为城市发展、自贸试验区发展提供良好的生态基础。可以借鉴美国“纽约 80×50 目标”，结合我国“碳达峰”和“碳中和”目标，制定符合城市和自贸试验区的温室

气体减排目标，为自贸试验区的温室气体减排行动提供明确的路线图，力争自贸试验区内企业率先达峰。

其次，应通过中国港口协会等官方或民间渠道，积极参与、申请国际港湾协会（IAPH）、国际城市和港口协会（AIVP）、国际海事组织（IMO）等世界港口组织的相关项目，主动吸收国际港口可持续发展的新技术和新做法，确保我国自贸试验区可持续发展的管理模式始终处于世界先进行列。

（三）高起点、高标准实施减污降碳和清洁能源推广应用

一是控制自贸试验区污染物排放，创新排污收费制度，对排放污染物较少的船舶、港口企业给予税收优惠，对环保设施给予低息或无息贷款的优惠并制定合理的污染物排放标准等。借鉴《纽约清洁空气战略》《新加坡绿色海事倡议》等，高起点制定污染物及温室气体排放控制标准，分类别实施污染物排放控制及减排战略。

二是发挥港口的天然优势，提高太阳能、风能、潮汐能等新能源的利用比例，提高能源利用水平；积极发展完善港口交通等基础设施，大力发展清洁交通工具、铁路联运等，减轻船舶、重型卡车等对生态环境造成的污染，减少交通碳排放量，打造绿色港口的交通网络。

三是推动生态环境保护技术与产业的发展与应用，推广使用港口岸电等先进技术。应用船舶岸电技术已经成为国内外港口发展的趋势，在污染物控制、能源节约、噪声减少等方面的优势明显，具有较好的经济效益和环境效益；自贸试验区在建设中要多方面吸收国际经验，优先使用先进的生态环境保护技术，以集约化的运营模式尽量降低环境污染程度和资源消耗水平。

（四）不断创新自贸试验区生态环境保护市场机制

借鉴美国等的排污权交易办法，探索建立我国自贸试验区内、扩展区域排污权交易机制。运用灵活的财政税收、补贴等政策，鼓励自贸试验区企业提高能源利用效率，减排降碳，研究开发清洁能源，推动绿色产业发展。此外，借鉴新加坡等国际金融港的做法，鼓励金融机构为自贸试验区发展开拓多种形式的绿色金融业务，盘活绿色贷款、债券、股权等市场，促进绿色产业投资和市

场的增长。

（五）提供绿色低碳试验平台，支持自贸试验区绿色示范园区创建

鼓励和支持有条件的、具有创新意识的地方政府、企业、组织和个人合作开展自贸试验区生态文明建设示范园创建。借鉴新加坡创新试验平台的建设思路，吸引相关环保公司和创新组织入驻，为其提供试验平台，打造符合中国自贸试验区产业结构等实际条件的生态型工业园示范区，在示范区内测试和展示包括最新建筑设计、节能技术、废水废气垃圾处理技术、清洁交通方案、社区建设等在内的全套绿色可持续生产和生活样本方案，为我国自贸试验区小范围区域内实现整体可持续运作提供理念和技术参考，加速我国自贸区的绿色化发展。

参考文献

IT 帮新闻，2019. 迪拜转向区块链技术进行环境保护. https：//www.it-bound.com/archives/68605，2019-07-09.

董岗，2015. 鹿特丹港的节能减排经验借鉴[J]. 中国港口，（5）：59-61.

国际港湾协会（IAPH）官网资料整理. https：//www.kokusaikouwan.jp.

国际海事组织（IMO）官网资料整理. https：//www.imo.org/en/OurWork/Environment/Pages/Default.aspx.

国家能源局. 新加坡打造亚洲 LNG 贸易中心[EB/OL]. http：//www.nea.gov.cn/2012-10/31/c_131942146.htm，2012-10-31.

李涛，2019. 自贸区土地管理的国际经验及对我国的启示[J].国土资源情报，（10）：22-26.

荣冬梅，2018. 新加坡自然资源管理经验对海南自贸区和国际旅游岛建设的启示[J]. 国土资源情报，（12）：10-15.

孙宝忠，2014. 鹿特丹港规划建设和运营管理的经验及思考[J]. 港口经济，（10）：53-55.

新加坡裕廊集团公司官网资料整理. 建筑和基础设施解决方案/可持续发展之旅. https：//www.jtc.gov.sg.

中国侨网. 香港公布首份都市节能蓝图　目标 2025 年能源强度减少四成[EB/OL]. 2015-05-14.

中新社华舆. 新加坡成立首个绿色金融中心[EB/OL]. https：//www.163.com/dy/article/FP0BUB3G0514DTKM.html. 2020-10-15.

第二部分

对外投融资绿色化与低碳转型研究

"绿天鹅"风险预警对加强生态环境保护应对气候变化政策工具运用的启示

刘　援　于晓龙　朱建磊

国际清算银行（Bank for International Settlements，BIS）[①]发布的《绿天鹅——气候变化时代的央行与金融稳定》（以下简称《绿天鹅》）一书揭示了"绿天鹅"事件所呈现的气候相关风险——符合厚尾分布特征，极端事件发生的概率较正态分布而言更大；同时指出气候领域可能发生的极具破坏力的"绿天鹅"事件及其连锁反应和级联效应[②]将从根本上引发不可预见的环境、地缘政治、社会和经济动荡；提出应采取政策响应以维护气候变化背景下的央行与金融稳定，且迫切需要更加积极主动呼吁政府、私营部门、民间社会和国际社会进行更广泛、更协调的"认识论突破"（Bolton et al.，2020）。"绿天鹅"风险源来自全球环境热点问题——气候变化。全球气候变化已成为 21 世纪人类生存发展面临的重大挑战之一（IPCC AR5，2013）。2020 年 3 月 10 日，世界气象组织发布的《2019 年全球气候状况声明》显示，2019 年是有仪器记录以来温度第二高的年份；2019 年结束时，全球平均气温比工业化前的气温高出了 1.1℃；气候变化和极端天气事件不断影响人类社会经济发展、健康、人口移徙、粮食安全及陆地和海洋生态系统等方面（世界气象组织，2020）。

面对大气中温室气体持续增长所带来的气候变化系统性风险，需要全社会范围内的系统行动，生态环境保护任重道远。本文结合推进国家治理体系和治理能力现代化总体要求，从跨部门协调、国际合作、政策评估、绿色投融资、新媒体宣传等方面提出建议，进一步完善国家应对气候变化政策体系、提高政策协同效

---

① 中国人民银行于 1996 年 9 月正式加入国际清算银行。国际清算银行以"促进各国中央银行之间的合作并为国际金融业务提供便利"为宗旨，是中央银行行长和官员的会晤场所。

② 级联效应（cascade effect）是由一个动作影响系统而导致一系列意外事件发生的效应。

应，加强生态环境保护应对气候变化强制型政策工具（法律法规、体系体制、许可准入等）、混合型政策工具（国际合作、设立基金、税费减免、科技支持等）和自愿型政策工具（宣传教育、舆论引导等）的运用并提高其实施效率，提升应对气候变化治理能力，与全社会共同努力、有效防范气候变化引起的系统性风险。

一、《绿天鹅》揭示的系统性风险

（一）气候风险将引发“绿天鹅”事件

《绿天鹅》一书认为，大气中温室气体浓度的持续增长是一种系统性风险，终将引发一系列动态、非线性、不可预测且不可逆转的环境、社会、经济和地缘政治改变。而一旦触发临界点，气候变化问题将与社会、经济和政治系统交织在一起，发生惊人的连锁反应，甚至引发社会伦理和道德风险，这进一步加剧了气候变化风险的复杂性。如同纳西姆·塔勒布（Nassim Taleb）于 2007 年提出的“黑天鹅”概念，气候变化则可能导致“绿天鹅”事件的发生，并成为下一次系统性全球危机的原因（Taleb，2007）。与“黑天鹅”事件相同，“绿天鹅”事件也具有以下特征：出乎意料且十分罕见，超出常规可预见范围；影响广泛且极端；无法在事前进行预测，只能在事后做出解释。而气候变化风险本身具有的系统性和复杂性特征赋予了“绿天鹅”新的特征。首先，气候变化的影响是高度不确定的；其次，气候灾难威胁人类生存，其破坏力远胜于大多数系统性金融危机；最后，“绿天鹅”的影响半径更广，与物理风险和过渡风险相关的复杂连锁反应和级联效应可能会产生根本无法预测的环境、地缘政治、社会和经济影响。

更加严重的问题是政策制定者对气候风险的认识不足且滞后。这源于马克·卡尼（Mark Carney）的“视野悲剧”（Tragedy of the Horizon）理论，即气候变化的灾难性影响将超出商业周期、政治周期和大多数政策制定者和实施者的传统视野，故气候变化的物理影响将在很长一段时间之后才能被感受到，人类将付出巨大的代价，并可能对后世文明产生影响，这是金融、经济和政治参与者计划和行动的视野范围远不能及的（Carney，2015）。换言之，待到气候变化成为影响经济稳定的决定性问题时，一切都太晚了。

（二）气候变化风险再认识——物理和过渡风险及其复杂相互作用

《绿天鹅》一书认为气候变化风险至少涵盖 3 个方面。

1. 物理风险

气候变化的物理风险是指气候变化引发的灾害与自然系统脆弱性相互作用而产生的风险，如日益频繁且严重的极端天气造成的经济和财产损失，以及气候变化长期影响导致的海洋酸化、海平面上升或降水变化等。该书指出，气候变化的物理影响：①是高度非线性的，可能引发跨空间的蝴蝶效应；②可能引发与生物地球化学（biogeochemical）过程有关的深层不确定性；③将导致包括代际公平等在内的复杂社会问题，不仅难以预测，而且也难以从伦理的角度解决，尤其是从经济角度来解读。

2. 过渡风险

过渡风险是伴随低碳转型过程可能产生的不确定性，包括政策变化、声誉影响、技术突破或限制，以及市场偏好和社会规范的转变。该书指出，快速和雄心勃勃的低碳转型对依赖化石燃料的生产部门、消费部门影响最大，直接影响金融市场的稳定，再借由金融放大器传导至经济系统的各个部门，最终发展成为全球性的系统性风险，或将导致“气候明斯基时刻”[①]的到来。此外，转型风险对消费习惯和决策的影响也可能间接导致依赖化石燃料的部门和企业受到重创，发展前景进一步收窄，经济增加值大幅下降，进而引发产业结构的颠覆式变化。

3. 物理风险和过渡风险之间的多重相互作用

该书指出，生态系统、经济系统和监管系统 3 个社会子系统内可能存在多种交互作用和反馈回路。这些相互作用会产生新的、复杂的级联效应，这不属于单纯的物理风险或过渡风险范畴，而是二者相互影响的结果。例如，土地开发排放

---

① “明斯基时刻”是以美国经济学家海曼·明斯基（Hyman Minsky）命名的，即资产价格崩溃的时刻。它是市场繁荣与衰退之间的转折点。1998 年，美国太平洋投资管理公司经济学家保罗·麦卡利率先使用这一词语来描述当时俄罗斯的债务危机。2007 年 8 月，麦卡利将美国次贷危机称为是美国房地产的“明斯基时刻”。自此，许多财经媒体、时事评论和学术报告纷纷将此次危机称作“明斯基时刻”。该术语还得到全球政策制定者和金融监管者的引用和重视。气候变化必然造成全球系统性风险，人类社会面临重大挑战，包括“明斯基时刻”在内的许多金融领域的概念逐渐被气候变化经济学等相关学科借用。

的温室气体占人类活动所排放的温室气体的近 1/4，但土地开发也造成了土壤侵蚀，最终导致土壤吸收碳的能力下降，加速了气候变化，降水量随之增加，地表径流增多以及土壤中有机物质和养分的流失将进一步加剧土地退化。

（三）应对气候变化风险需要认识论的两次突破

1. 气候变化风险面临的认识论障碍

基于上述分析，该书的一个重要结论是在由气候变化从根本上重塑的世界中，以历史数据为基础进行建模分析的风险识别和量化不再有效。换句话说，传统的风险管理无法捕捉到“绿天鹅”事件，与气候变化风险相关的风险评估方法依然缺失。

其最主要成因是气候变化风险的本质特征——深层次的不确定性。一方面，气候变化的物理风险和过渡风险受自然、技术、社会、监管和文化等多种因素的相互影响，并具有不确定性、不可逆性、非线性和厚尾分布特征。此外，气候变化的物理风险和过渡风险将越来越多地相互影响，有可能产生尚未解决的新的级联效应。这给气候变化风险的识别、确定和量化带来了一种“认识论障碍”，可能成为科学研究、管理和决策的阻碍。

随着基于情景分析（scenario-based analysis）的前瞻性方法的发展，金融界开始发生“认识论突破”，尝试将气候相关风险纳入金融稳定监控、微观监督和定价体系中。例如将与气候相关的风险整合到审慎监管和金融稳定性监控中，包括开发情景分析等能够更好地应对不确定性和复杂性的建模方法和分析工具，或将可持续性标准纳入自身的投资组合以及金融稳定政策中。

2. 第二次认识论突破

尽管上述措施将促进对绿色资产的投资，有助于推动向低碳经济的转型，并能通过更好地整合长期风险来打破“视野悲剧”，但基于“绿天鹅”事件的独特属性，该书提示政策制定者：

第一，基于情景的分析方法只是认识气候变化对金融稳定风险的部分解决方案，仍没有任何单一的模型或方法可以用于全面地了解气候变化给宏观经济、产业部门和企业层面造成的影响。因此，从根本上讲，只要不采取全社会范围内的系统行动，在很大程度上仍然无法应对与气候变化相关的风险。

第二，将中央银行作为向低碳发展模式过渡的主要推动者是有风险的，可能会加重中央银行的授权负担，同时可能导致市场扭曲。各国央行能够发挥作用的范围有限，无法覆盖实现全球低碳转型所需的各个领域。因此，除发挥央行对资本定价和金融市场的稳定作用外，当前迫切需要更加积极主动地呼吁政府、私营部门、民间社会和国际社会进行更广泛、更协调的变革，即“第二次认识论突破”。

（四）认识论突破的 4 个着力点

为实现上述突破，该书建议从可持续的价值观和理念、政策协调、国际合作、企业财务管理 4 个方面出发，采取以下系统性措施。

1. 支持可持续的价值观和理念，促进长期主义的市场导向

第一，应明确气候变化风险的应对和管控是一项系统性的工作，央行不应“一力承担”该项重任，实现全社会的低碳转型还需要更广泛的参与者分工合作、协调并进、联动发力。

第二，加快实现由“风险管理”向“不确定系统中的复杂适应弹性”的转型。结合气候变化风险属性，加速风险管理方法的开发、完善和优化；重视子系统间的级联效应，并将技术、政策、行为、地缘政治动态、宏观经济景气水平和气候模式及其相互作用的影响纳入风险管理考量。

第三，以央行等中央层面的管理机构为表率，将长期主义作为驱动全社会突破“视野悲剧”的工具，促进其在经济、生态和政治 3 个子系统价值体系中的主流化水平的提升。例如可在养老基金和其他资产管理机构中，推广采用环境、社会和治理（ESG）标准；将可持续性要素纳入央行的投资组合管理原则中；在外汇储备中适当配置绿色债券等绿色金融资产。

2. 支持公共部门投资在低碳转型方面发挥更大的作用

该书预测，在低碳转型中的公共投资可能“成为下一个巨大的技术和市场机遇，刺激并引领私人和公共投资”，并有可能创造数百万个就业机会，以补偿可能由于技术进步导致劳动力市场变化而蒙受的损失，实现可持续的经济、社会发展目标。公共部门直接投资适合为具有不确定性和长期回报的研发（R&D）活动提供资金。对于私营部门而言，公共部门直接投资释放的积极信号可能使市场参与者重新评估和认识与气候变化相关的风险。因此，加大公共财政对低碳技术研发、

低碳基础设施建设等领域的投资，除可直接促进应对气候变化外，还可以长期锁定碳排放总量，加速绿色生产、生活和消费的转型。

3. 加强国际社会在气候和生态问题上的合作

气候稳定是一项全球公共福祉，减缓气候变化的行动必须建立在发达国家与发展中国家国际合作基础上。但是国际社会在应对气候变化方面的进展并不平衡。在 UNFCCC 框架下，各国集体行动和公开承诺的热情高涨；在气候变化相关的国际谈判和辩论中，反对多边主义的声音不绝于耳，这种割裂的状态对应对气候变化显然没有任何帮助，还会延误人类行动的契机。

对此，该书建议，参考“布雷顿森林体系”，在全球气候和金融联合治理的框架下设立一个新的国际机构，如世界碳银行（World Carbon Bank），在国家间发生严重气候事件时提供必要的资金支持；对正在实施的气候政策进行监督；促进发达经济体向发展中国家提供气候友好技术转让和官方援助。

另一种思路是将气候问题纳入国际货币基金组织（IMF）等现有国际机构中，作为这些国际机构管理国际货币和金融体系职责的一部分。例如通过国际货币基金组织发行绿色特别提款权（SDR），为绿色基金提供资金；向国家和国际开发银行提供《巴黎协定》履约用的特别提款权贷款等。

4. 在财务管理中融入气候和可持续要素

该书认为，更好的自然资本核算体系对气候外部性的内部化而言是必要的。将气候和可持续指标整合到现有的会计框架中，能够确保决策者和管理者将气候变化和可持续发展的时间价值纳入其风险管理实践中。例如温室气体核算体系（GHG protocol）在公司财务层面的应用，或者成立旨在协调和标准化企业气候风险敞口报告的气候相关财务信息披露工作组（TCFD）等。

除此之外，监管机构还可以要求企业对气候相关风险进行更多的系统化披露。这需要监管者提供必要的指导，并设定信息披露规范，以确保系统、一致和透明地披露气候变化相关风险。法国已率先在这一领域开展了实践，其《绿色发展能源过渡法》第 173 条就要求金融企业和非金融企业披露其所面临的气候变化相关风险，以及对应的风险管理措施。欧盟委员会也已经成立了一个关于可持续金融的技术专家组（TEG），该专家组的目标之一就是为如何改善企业披露气候变化相关风险提供必要的指导。

二、《绿天鹅》对加强政策工具运用的启示

(一) 中国为全球环境治理作出重要贡献

新时代，我国大力推进生态文明建设，促进绿色、低碳、可持续发展，积极参与全球气候治理，采取有力措施，减缓与适应并重，有效控制温室气体排放，增加生态系统碳汇功能，不断提高生态系统功能及气候适应能力。2019 年 9 月，我国作为联合国气候峰会“基于自然的解决方案”领域的共同牵头国，贡献了“中方的立场和行动”；2019 年 12 月 2 日，《联合国气候变化框架公约》第 25 次缔约方大会开幕，与会人士表示“中国为全球环境治理作出重要贡献”。

《中国应对气候变化的政策与行动 2019 年度报告》显示：“2018 年中国单位国内生产总值（GDP）CO_2 排放下降 4.0%，比 2005 年累计下降 45.8%，相当于减排 52.6 亿 tCO_2，非化石能源占能源消费总量比重达到 14.3%，基本扭转了 CO_2 排放快速增长的局面。大规模国土绿化和生态保护修复工程持续推进，适应气候变化能力不断增强，应对气候变化体制机制不断完善，全社会应对气候变化意识不断提高，为应对全球气候变化作出了重要贡献。”

(二) 应对气候变化政策工具运用需进一步加强

我国长期以来高度重视气候变化问题，积极采取一系列应对气候变化政策、措施，全面引领并指导相关行动的开展，政策工具的运用与执行在我国应对气候变化领域取得的成就中发挥了至关重要的作用。国家社会科学基金重大项目“中国大气环境污染区域协同治理研究”、国家自然科学基金项目“绿色创新政策对环境治理绩效的影响：机制、路径及其效应”等课题的相关研究对 1978—2018 年国家层面的《国家应对气候变化规划（2014—2020 年）》《强化应对气候变化行动——中国国家自主贡献》等 60 项主要气候变化政策进行了分析，将政策工具按照政府干预由高到低的程度划分为强制型（法律法规、体系体制、许可准入等）、混合型（国际合作、设立基金、税费减免、科技支持等）和自愿型（宣传教育、舆论引导等）三类及 7 个适用领域（气象、森林、低碳、去产能、节能减排、科技创新、

绿色消费）。研究建议“要均衡使用各种政策工具，适当提高自愿型和强制型政策工具的比重，提升生态环境领域政策工具在应对气候变化问题中的作用”（郑石明等，2019）。

《绿天鹅》从气候变化背景下央行与金融稳定出发，呼吁采取系列政策响应，认识到气候变化带来的风险将从根本上产生不可预见的环境、地缘政治、社会和经济动荡，提出应对气候变化相关风险，需要全社会范围内的系统行动以及“认识论突破”，迫切需要更加积极主动呼吁政府、私营部门、民间社会和国际社会进行更广泛、更协调的变革。这一“认识论突破”需要从价值和理念提升、政策协调、国际合作以及气候友好投资等方面多点着力。贯穿其中的政策工具的运用将发挥至关重要的作用。因此，有必要进一步加强和完善现有环境保护应对气候变化政策工具的运用与实施，提高政策协同效应，提升应对气候变化的能力。

三、加强生态环境保护政策工具运用的建议

政府间气候变化专门委员会（IPCC）《IPCC 全球升温 1.5℃特别报告》指出气候变化的危害和影响已经发生，而且应对气候变化越来越紧迫，需要全球的共同努力、部门协调以及全社会的共同参与。突破“视野悲剧”，加强生态环境应对气候变化强制型政策工具（法律法规、体系体制、许可准入等）、混合型政策工具（国际合作、设立基金、税费减免、科技支持等）和自愿型政策工具（宣传教育、舆论引导等）的运用对促进环境、经济、社会气候主流化的水平，以及促进全社会范围内的系统行动十分重要。

（一）加强跨部门协调，完善国家应对气候变化政策工具体系

加强跨部门协调是落实国家治理能力现代化要求、提升国家应对气候变化水平与效率的重要路径之一，是促进形成完善的应对气候变化政策工具体系的重要途径。生态环境部牵头实施的与气候变化高关联度的环境国际公约有《关于消耗臭氧层物质的蒙特利尔议定书》《生物多样性公约》《联合国气候变化框架公约》。为加强国家履约能力建设，在各公约框架下成立了相应的协调机制，如国家保护臭氧层领导小组、中国生物多样性保护国家委员会、国家应对气候变化及节能减

排工作领导小组，极大地促进了国家履约相关部门之间的协调与政策沟通，在国家层面为履约提供了多部门的政策支持、人力支持、资金支持。在落实国家治理能力现代化要求方面，协调机制的运行还将发挥更大的作用：①促进跨部门气候变化主流化的政策协调和统一，全面统筹应对气候变化减缓与适应政策目标；②加强宏观治理并更好地指导地方工作与落实，形成应对气候变化的政令统一、市场统一，以及顺畅的履约工作体系；③促进中央、地方政策互动，完善政策工具体系，全面提升履约能力与效率。

（二）加强应对气候变化国际合作，创新国际领导力

加强环境政策协调，促进环境国际公约履约同应对气候变化减缓与适应的协同增效，深度参与全球环境治理和规则制定，创新国际领导力。生态环境部牵头实施《关于消耗臭氧层物质的蒙特利尔议定书》《生物多样性公约》《联合国气候变化框架公约》。自批准加入公约以来，我国围绕公约要求出台了温室气体生产消费淘汰、生态修复增加碳汇、温室气体减排、绿色低碳转型等系列政策，开展了广泛的双、多边国际合作，引入了国际先进理念并取得了丰富的实践经验以及我国特有的良好实践。①为今后应对气候变化减缓与适应履约政策的协调运用与执行、提高履约能力和效率奠定了理论与实践基础；②为在相应公约谈判中以减缓与适应协调并重的全局观及立场引领履约规则和行动的制定创造了条件；③为《〈蒙特利尔议定书〉基加利修正案》的批准与履行、国际谈判、政策制定提供了技术支撑；④为推动国内、国际履约“一盘棋”，借助“一带一路”绿色发展国际联盟平台、“一带一路”应对气候变化“南南合作”计划的实施，进一步扩大我国应对气候变化引领力带来了契机，特别是推动建立发达国家与发展中国家的国际合作、促进发达经济体向发展中国家的气候友好技术转让和官方援助。

（三）加强应对气候变化环境政策评估，促进政策统筹与目标一致

开展应对气候变化环境政策评估，推动环境政策、标准协调，通过对现有政策效果的评估，推动形成完善的政策评估体系与长效机制，加强不同层面政策的内在联系，促进政策统筹与目标一致。如前文所述，有研究对国家层面应对气候变化政策的 3 种类型、7 个适用领域做了分析。但有必要进一步开展政策评估，

系统回顾政策产出及影响。①掌握政策在政治、经济、文化、社会等方面发挥的作用。例如在政治方面，对气候外交的政策支持、参与全球环境治理的贡献；在经济方面，促进低碳发展、绿色转型、可持续发展以及对减少气候变化损失的贡献；在文化与社会方面，公民环境意识提升以及民间环保社团组织的参与等。②服务后期政策调整、修订，新政策的制定，政策资源的配置调整以及公共关系的改善。

（四）加强应对气候变化环境政策对绿色投融资的影响力

2007 年，国家环境保护总局联合中国人民银行等机构发布了《关于落实环境保护政策法规防范信贷风险的意见》，标志着我国绿色信贷制度的正式建立以及金融绿色化的萌芽。2016 年，生态环境部作为联合发布者之一，发布了全球首个政府主导的综合性绿色金融政策框架——《关于构建绿色金融体系的指导意见》。国家绿色金融体系的构建极大地推动了生态环境政策融入投融资绿色化并发挥政策指导作用，并可通过以下几方面工作向纵深发展，进一步发挥环境政策对绿色投融资的引导力。①运用环境经济政策、借助国家绿色发展基金的启动和运行、创新“气候基金”等方式募集资金，通过经济手段、市场手段，鼓励绿色投融资，促进并引导产业结构、能源结构等的绿色低碳转型，如《绿天鹅》预测低碳转型的公共投资或可成为下一个巨大的技术和市场机会、刺激并引领私人和公共投资；②统一“绿色”认定，推动绿色评估方法的完善与运用，参考如图 1 所示的评估思路和流程，对绿色资金投资项目开展包括气候友好效益在内的生态环境效益评估，从“环境端”服务绿色金融体系建设，支持绿色金融业务环境风险评估与环境效益全流程管理，保障绿色金融市场的持续、健康发展；③健全项目企业环境信用评价与信息披露制度，增加绿色资产透明度、提升社会公信力，从而提高绿色投融资的吸引力，在国家绿色发展基金、中央财政生态环境专项资金的引导下，带动更多社会资本配置环保、绿色低碳产业。

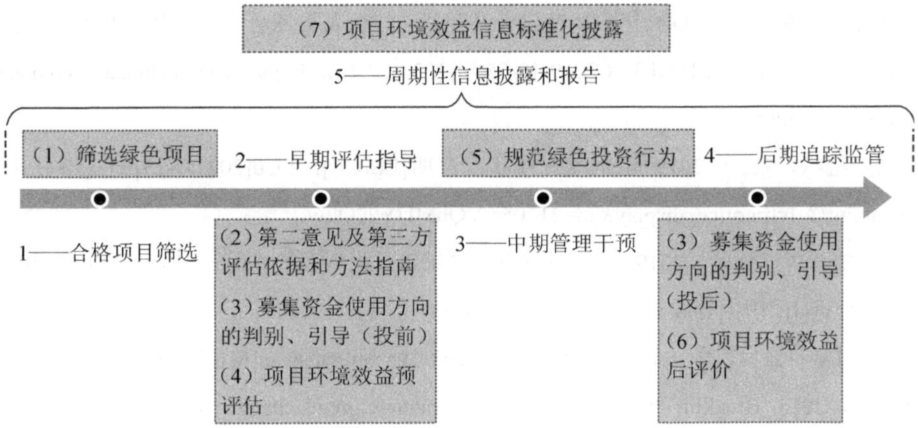

图 1　基于项目生命周期的绿色评估与评价思路（刘援等，2019）

（五）加强生态环境应对气候变化自愿型政策工具的运用

充分发挥自愿型政策工具作用，加强强制型、混合型政策工具运用。在新媒体时代，除生态环境部官方网站，借助《中国环境报》、《环境经济》杂志、中国环境 App、中国环境网、中国环境新闻微信、中国环境新闻微博等多样化的新媒体信息平台，以及六五环境日、全国低碳日、国际生物多样性日等主题宣传活动，可以：①提升公众对气候变化政策实施主体的信任、自身责任意识，减少认知差异，将大大降低政策颁布与实施的成本、促进气候变化政策目标的实现，使公众自觉自愿采取低碳生活、低碳消费、健康文明的生活方式；②加速温室气体核算和统计体系的建设，助推我国企业温室气体风险管理、识别减排机会、设定内部减排目标、规避国际贸易技术壁垒，提高其在国际市场和低碳经济中的竞争力；强化控排指标分解和考核，建立碳排放权交易核算基础，形成基于市场机制的国内碳市场交易；③鼓励开发应对气候变化的学科融合与多学科方法，充分认识气候变化这一系统性风险，为政策工具的制定、实施提供可靠的科学、技术支撑。

参考文献

刘援，于晓龙，陈明，2019. 支持绿色金融体系建设的项目绿色评估方法研究[J]. 环境保护，16：45-50.

人民日报，2019. 新一届联合国气候变化大会开幕，与会人士表示——“中国为全球环境治理作出重要贡献”[EB/OL].（2019-12-05）[2021-07-15]. https：//china.huanqiu.com/article/9CaKrnKo9PO.

世界气象组织，2020. 2019 年全球气候状况声明[EB/OL]. 2020[2021-7-15]. https：//library.wmo.int/？lvl=notice_display&id=21705#.YQbMUY77Q2w.

郑石明，要蓉蓉，魏萌，2019. 中国气候变化政策工具类型及其作用——基于中央层面政策文本的分析[J]. 中国行政管理，（12）：87-95.

Bolton P，Despres M，Da Silva L A P，et al.，2020.The green swan[M]. BIS Books.

Carney M，2015. Breaking the tragedy of the horizon–climate change and financial stability[R]. Speech given at Lloyd’s of London，29：220-230.

IPCC AR5，2013. Intergovernmental Panel on Climate Change Fifth Assessment Report（AR5）[R]. London：Cambrige University Press.

Taleb N N，2007. The Black Swan：The Impact of the Highly Improbable[M]. Random House.

“一带一路”国家和地区开展碳市场链接的设想与展望

杨大鹏　王树堂　崔永丽　赵敬敏

碳排放权交易市场是促进温室气体减排、实现“碳中和”愿景的重要市场机制。《巴黎协定》指出，鼓励采用国际碳市场等合作方式帮助各成员国实现国家自主贡献（NDC）减排承诺目标。截至 2021 年 1 月 31 日，全球已经有 24 个正在运行的碳排放交易市场，覆盖全球 33 个不同级别的司法管辖区，包括 1 个超国家组织（欧盟）、8 个国家（中国、墨西哥、韩国、英国等）、18 个省（州）和 6 个城市，另外还有 8 个正在计划实施的碳市场。

在日益严峻的气候变化形势下，碳排放空间的稀缺性更加明显。利用碳排放权交易市场机制实现碳排放权的有效配置成为全球应对气候变化、促进低碳发展的重要环节。因此，推进碳市场的进一步深化发展以及探索不同地区间碳市场链接，从而在更大范围内发现合理的减排成本以实现协同增效已经成为研究热点。

一、国际区域碳市场链接案例和经验

碳市场之间的链接主要有 3 种类型：单向链接、双向链接和间接链接。其中，单向链接和双向链接属于直接链接。单向链接指的是碳市场 A 的控排实体可以购买碳市场 B 的排放配额，但是碳市场 B 的控排实体不能购买碳市场 A 的排放配额以用于环境公约履约；而双向链接允许碳市场 A 和碳市场 B 的控排实体互相购买对方的碳配额；间接链接关系中，碳市场 A 和碳市场 B 均与体系 C 产生联系，从而实现间接链接。

理论上，全球碳市场链接能够最大限度地降低总体减排成本。全球碳市场越早建立，节约的减排成本就越多，短期内提高减排量的可能性也越大。《巴黎协定》

第六条中认可了各成员国可以通过国际合作的方式实现其自主贡献的目标。

现实中多个国际司法管辖区正在就碳市场链接开展合作，国际碳市场上也已实现了多个不同类型链接的实例。例如，挪威于 2005 年建立了国内碳排放交易体系，并与欧盟碳市场（EU-ETS）建立了单向链接，即挪威的控排实体可以购买欧盟的排放配额，但是欧盟的控排实体不能反向购买挪威的排放配额。日本东京与琦玉县的碳排放交易体系于 2011 年实现了双向链接，两者具有相似的体系设计特点。美国加利福尼亚州与加拿大魁北克省的碳市场于 2014 年实现了双向链接，是目前国际上最成功的跨国链接案例之一。在美国加利福尼亚州和加拿大魁北克省碳市场发展之初，两地区就为链接做了详尽的准备，双方从设计到执行都采用相似的政策与框架，并按照既定的计划完成了整合。2018 年 1 月 1 日，加拿大安大略省总量控制与交易体系与美国加利福尼亚州-加拿大魁北克省碳市场建立了链接，形成了继中国和欧盟之后的全球第三大碳市场。瑞士于 2017 年年底与欧盟签署了双方实现碳市场双向链接的协议，且这一协议于 2020 年正式生效。这一链接协议的实施实现了瑞士与欧盟的共赢，瑞士碳市场体量小、流动性低，配额价格远高于欧盟，通过与欧盟的碳市场链接，将有效提升瑞士控排企业的竞争力，而对欧盟而言，此项链接将有效提升自身政治影响力。

（一）碳市场链接的优势

不同碳排放权交易体系之间建立链接之后，所覆盖的企业在进行履约时会有更大的交易空间。当自身所在体系的碳价较高，以至于面临较大财务压力来满足其履行约定时，该企业可以通过购买另一体系中价格较低的碳配额来完成履约，这有利于降低总量、控制成本。此外，通过不同碳市场之间的链接，还能够为企业创造更加公平的市场竞争环境，提高该国家或地区在全球范围内应对气候变化的领导力。链接机制的建立对参与链接的各方在排放总量控制、机制设计、市场管理等方面都将产生积极影响，潜在优势具体表现在以下几个方面。

从经济效益的角度来看，第一，不同碳排放交易体系之间建立链接后，碳市场的规模得以扩大，这有利于碳交易机制更大限度地降低减排成本，也有利于各参与方通过合作产生更经济有效的减排方案。第二，市场规模扩大后能够应对更多的外部冲击；当政策环境发生变化时，碳排放交易体系中的各企业对这些政策环境的应对能力会得到提升，市场中的价格波动问题将得到缓解；随着市场流动性的增加，潜在的市场操纵行为也会显著减少。第三，建立链接后碳市场的交易量扩大，促使相关的金融创新产品涌现，如衍生品、抵质押融资等，这将进一步提升市场的活力和流动性。同时，碳市场链接有助于形成统一的碳价，可以减少甚至消除价格扭曲的情况。研究表明，加拿大魁北克省与美国加利福尼亚州进行碳市场链接后增加了市场交易体量；建立链接前加拿大魁北克省碳市场的配额拍卖仅成交 1/3，建立链接后联合拍卖的成交量显著增加，而履约成本却下降了 59%，同时联合拍卖通过发布通用的标准和程序，显著降低了加拿大魁北克省和美国加利福尼亚州碳市场的管理成本和交易成本。第四，建立链接有利于保障市场环境中竞争的公平性。这是因为建立链接的碳市场体系所覆盖的控排企业面临的是同一碳价水平，这在较大程度上能够防止“碳泄漏”风险，避免一些企业将高碳排放产业向其他国家转移。第五，碳市场链接也会降低市场行政管理成本。不同碳市场体系之间的链接建立以后，由于可以在统一规范下进行管理，管理流程得到简化，管理成本相较于之前的单一体系，在整体上会有一定幅度的降低。

从环境效益的角度来看，碳市场链接机制使得相互链接的两个或者多个体系内部实现了以更低成本完成减排的目标，在应对气候变化以及其他环境政策方面产生了积极影响。此外，由于不同碳排放交易体系通过链接形成了一个共同的合作群体，当这一群体以更低的成本完成减排目标时，相较于之前的单一体系，更容易实现宏伟的减排目标。

在国际气候领导力层面，链接机制有助于提升国家在国际上的气候领导力。2015 年《巴黎协定》签署以来，各国都认识到推动落实《巴黎协定》需要加强国际合作，通过碳市场的链接，将促进各国在应对气候变化方面的合作，促进其气候领导力的提升。尤其是建立碳市场链接使得拥有不同政策背景的各国（地区）共同为同一个减排目标而努力，体量较小的国家（地区）能够从成熟的碳市场实践中汲取经验，从这个角度来说，碳市场链接有助于增加气候相关政策的接受程度。

碳市场链接也有利于促进各类应对气候变化政策工具的协同发展。碳市场链接的前提条件之一是考虑参与链接各方的气候政策及其减排雄心。在开展合作的过程中，碳定价政策也可以与其他气候和环境政策进行协同，给参与各方带来更大的社会效益。

（二）碳市场链接需要应对的挑战

碳市场链接是一把“双刃剑”，既能给建立链接的各方带来效益，也存在一定的风险挑战。全面建立链接使得不同碳市场体系合为一体，在这一过程中，不同体系之间会出现价格趋同的状况，削弱该区域的环境完整性，在经济、系统和政治 3 个方面带来一定潜在风险。

在经济风险方面，第一，由于建立链接初期不同碳市场的价格会有所不同，导致相关利益在不同碳市场间出现再分配，原来成本较高或者配额价格较高的碳市场体系将出现价格下降的情况，而成本较低或者配额价格较低的碳市场体系将出现价格上升的情况。链接机制导致的价格趋同固然有利于配额价格下降的国家或地区在同等成本投入下实现更大减排，但对于配额价格上升的国家或地区而言，其企业将面临较大的压力，竞争力会受到影响，其所处的国家或地区可能需要采取其他的政策来消除这一负面影响。第二，链接体系内的企业可能受到其他链接体系的部分冲击和影响。通过与其他碳市场体系的链接，市场规模得以扩大，这虽然提升了碳交易体系对外部冲击的抵御能力，但处在这个链接合作市场体系中的实体企业也可能会受到来自其他链接体系的影响。

碳市场链接也需要解决市场趋同造成的系统问题。第一，如果链接合作的某个市场不够强大，则可能破坏整个市场的系统稳健性与可信度。如果链接的某一市场体系整体上不够成熟，则有可能在面临外部环境冲击时，由于体系内部机制不足以应对，导致整个系统的稳定性无法持续，影响碳排放交易体系的环境调节功能。第二，链接机制可能会激励合作碳市场体系设定较低减排目标，以便其可向链接市场出售更多配额，这会导致更多资金流入其所在国家或地区，削弱最初的碳减排功能，整体上可能会抵消碳排放市场链接可能带来的更高减排成效。不同碳市场的政策目标及其优先级不尽相同，减排目标相对宽松的碳市场可能造成与之链接的碳市场不得不降低其自身的减排目标以迁就其需求，导致整体减排目标降低。第三，阻碍低碳创新技术的发展，尤其是对成本较高的低碳技术产生较大影响，不利于实现其长期减排。由于链接机制的创立，一些企业更倾向于去购买建立链接的国家发放的碳排放配额，而不是投入资金研发新的低碳技术。

碳市场链接可能带来政治风险。第一，碳排放交易市场建立链接后可能会带来“分配不均”的问题，进而影响政策的稳定性、引发控排企业的不满、影响碳市场功能的发挥，造成一定的社会风险。在特定碳排放交易体系中，无论其是否链接其他交易体系，资金投入都将从高碳密集型商品与服务转向低碳密集型商品与服务；同样，某些合作体系（行业、子行业、企业和家庭）将受到不同程度的影响。第二，当链接两个不同碳交易体系时，资金会从碳价较高的体系流向碳价较低的体系，直到两个链接合作市场碳价相等，但这可能也会引发社会的不满。第三，如果链接双方市场的某些设计要素未能保持一致，例如抵消机制、拍卖、配额分配方法设计松紧不一等，可能导致不同体系间减排激励程度不同，从而造成碳排放量从一个体系向另一个体系的单向传输，也会影响碳市场链接的有效性。

综上所述，碳市场链接虽然能够降低管理成本，但从某些角度来说管理难度也会相应提高。由于碳市场链接通常需要针对市场制度、系统等设计进行调整，并且为了顺利实现链接，碳市场的监管主体须让出一定的监管权，这些都会破坏该国（地区）环境政策的一致性。因此，有意向参与链接的碳市场需要在各方面的设计上保持灵活性和兼容性。

二、“一带一路”典型国家的碳市场建设进展

目前，“一带一路”沿线国家已建有 3 个国家层级碳市场，还有 20 多个国家（主要是亚洲国家）的政府正在考虑或积极开发碳交易系统。

（一）已建成碳市场的国家

韩国于 2015 年开始实施碳排放权交易制度。2021 年，韩国温室气体排放权交易进入第三阶段，设定更加严格的排放总量，将有偿配额比例提高到 10%，更新了配额分配规则，并允许金融机构以及其他第三方机构参与二级市场，交易体系的覆盖范围将扩大到建筑业和大型运输公司。

新西兰碳排放交易体系（NZ ETS）于 2008 年启动，是历史最悠久的碳市场之一。2020 年，新西兰完成了全面的立法改革，为 2021—2025 年的气候政策（包括碳市场）奠定了基础，以契合其 2050 年前实现净零排放的目标。其碳市场改革

措施包括从没有硬性排放上限过渡到设定总量、逐步减少对排放密集且易受贸易冲击（EITE）行业（面临“碳泄漏”风险的行业）的免费分配、改革林业部门的排放核算规则，并计划到 2025 年将农业部门纳入碳市场。

哈萨克斯坦碳交易制度于 2013 年开始实施，但由于经济下行、工业界反对和体系运行等问题，碳交易体系曾于 2016—2017 年停摆两年。2018 年 1 月 1 日，修订后的碳交易体系重新启动，修改内容包括将排放目标调整为到 2020 年相比 1990 年降低 5%，覆盖行业调整为电力、油气、冶金、采矿和建材等。2021 年起，进入第四履约期。

（二）有意愿建立碳市场的国家

2021 年 5 月，俄罗斯首部气候法案通过了国家杜马初审，该法案将引入碳交易、碳抵消机制且最早将于 2022 年开始生效。俄罗斯目前已经选定库页岛进行碳排放配额交易试点，计划将在此进行碳排放和碳汇摸底，建立必要的基础设施，从而形成区域碳排放交易机制，并计划在未来与国际碳交易体系接轨，推动其国内碳减排量的出口。

乌克兰的碳排放监测、报告、核查（MRV）法规于 2020 年生效，从 2021 年起该法规所适用的设施必须提交年度碳排放报告。乌克兰生态和自然资源部部长于 2021 年 1 月表示，乌克兰可能将于 2025 年启动碳市场。

印度尼西亚正在努力建设覆盖电力和工业部门的碳排放权交易机制（ETS）。根据 2018 年第 77 号总统令，印度尼西亚将设立一个公共服务机构，负责管理环境基金和有关机制，包括其 ETS。目前，印度尼西亚计划率先在电力部门实施自愿性国内碳排放权交易机制，而后实施强制性国内碳排放权交易机制。印度尼西亚正在为试点 ETS 制定技术和监管框架，包括操作和程序指南，试点经验将用于指导强制性 ETS。

越南于 2012 年批准国家绿色增长战略，其中包括与国际碳市场建立链接的条例。2020 年通过了建立国内碳市场的法律授权，预计将于 2025 年启动试点碳排放权交易体系，于 2027 年全面投入运行国内碳市场。

2020 年，泰国进一步推进了自 2013 年启动的自愿碳市场，针对更多的行业建立了监测报告核查体系。目前泰国正计划在东部经济走廊地区进行碳市场试点，并着手制定全国碳市场的相关立法。

2020 年，菲律宾提交了一项立法法案，规定将建立覆盖工业和商业部门的国内碳排放权交易体系。一个技术工作小组正在审查该立法提案，但立法进程尚无具体的时间表。

新加坡政府自 2019 年 1 月 1 日起征收碳税。碳税将适用于年温室气体排放量为 2.5 万 t 二氧化碳当量（CO_2e）及以上的所有设施。碳税收入将用于支持应对气候变化的举措。在碳税实施的初期，企业不允许使用国际信用抵免其碳税责任，但新加坡仍愿意将碳税框架与其他具有高度环境完整性的碳定价管辖区进行链接。

南非目前采用碳税政策对碳排放进行定价，对碳定价政策工具具有一定的认可和理解。根据南非提交的国家自主贡献（NDC）方案，南非正在使用的政策工具包括碳税、部门预期减排目标、公司层面的碳预算，以及针对特定温室气体和排放者的监管标准和控制措施。

柬埔寨、老挝、巴基斯坦等国也有意向利用国际碳定价机制促进减排，具有参与建立国际碳市场链接的意愿。

三、开展“一带一路”国际碳市场链接的建议

中国在“一带一路”建设中始终秉持绿色发展理念，以实际行动与各国共建绿色“一带一路”。以“一带一路”碳市场机制引领降低碳排放，既是全球生态文明建设的内在需求，也是中国作为负责任大国为助推全球低碳进程做出的实际行动。目前，中国全国碳市场已正式运行，“一带一路”共建国家将陆续建立其国内碳市场，为“一带一路”国际碳市场链接奠定了基础。建立国际碳市场链接将很可能成为国际社会关注的重要内容，我国应加强该领域的前瞻性研究，深入分析碳市场链接带来的风险和挑战，循序渐进、积极稳妥地推进各国碳市场之间的对话交流。具体建议包括以下 4 个方面。

（一）为“一带一路”沿线国家建立碳市场能力建设提供支持

当前，很多“一带一路”沿线国家碳市场处于空白状态，需要耗费相对较大

的精力去建设。对于有意愿建立但尚没有能力建立国内碳市场的国家，我国可与其政府、企业和其他利益相关方进行沟通，帮助其开展碳市场相关能力建设，向其介绍中国碳市场建设和运营的成功经验，引导其结合自身国情开展相关建设工作，从而保证碳市场设计的兼容性，确保未来“一带一路”碳市场的顺利链接。建议引导这些国家优先在电力部门开展碳市场试点，从而体现“一带一路”的“绿色”底色。

（二）着手启动“一带一路”碳市场法律规则制度体系研究工作

碳市场的健康发展需要坚实有力的法制保障体系。构建“一带一路”区域碳市场，建议以中国碳交易市场为基础，综合已有经验并结合“一带一路”不同地区特色，先行尝试构建公平合理的“一带一路”区域碳市场法律制度体系。应着手启动对“一带一路”共建国家在应对气候变化、节能减排等方面的法律法规体系的研究和汇总工作，特别是对已建成碳市场国家的法律法规体系进行研究，并在制定国内碳市场交易相关政策和法律时，同步思考与“一带一路”碳市场构建的协调与适配问题，为未来构建“一带一路”碳市场法律规则制度体系奠定基础。

（三）逐步探索不同类型的“一带一路”碳市场链接方式和合作模式

碳市场国际合作初期要侧重开展以研究和交流为主的多/双边活动和能力建设，推动 MRV 体系、交易和市场监管等要素的逐步衔接，试行与东南亚、非洲等地区的抵消机制国际合作示范项目。在中国全国碳市场运行相对成熟后，在“一带一路”碳市场链接设计中，可优先建立中国、韩国、欧盟、美国碳市场之间的双向链接，待未来其他国家碳市场成熟后再逐步与其建立链接。

（四）推进“一带一路”共建国家碳市场相关学科专业人才的培养

深入推动“一带一路”共建国家关于碳交易市场的广泛合作与交流，通过举行“一带一路”碳市场建设研讨会，邀请“一带一路”共建国家政府代表、学术领域代表、企业代表参加，就建立国际国内碳市场的必要性、可行性及挑战性进行探讨，增进各国对碳定价机制的理解。制订较为系统的培训计划，建立完善的人才储备体系，为各国的碳交易市场提供源源不断的优秀人才；同时帮助技术相对薄弱的国家及地区加快相关学科专业的建设和人才队伍的培养。

参考资料

俄罗斯首部气候法案：引入碳交易、碳抵消机制. https：//new.qq.com/rain/a/20210527A04I8K00.

国际碳行动伙伴组织（ICAP）2021 年度全球碳市场进展报告. https：//max.book118.com/html/2021/0329/7146105166003105.shtm.

哈萨克斯坦碳交易制度. http：//www.tanjiaoyi.com/article-31935-1.html.

史学瀛，孙成龙，2020.“一带一路”碳市场法律制度初构[J]. 理论与现代化，(2)：79-90.

邹骥，柴麒敏，陈济，等，2019. 碳市场顶层设计路线图[J]. 气候变化研究进展，15(3)：217-221.

系统推动“一带一路”项目气候风险管理

刘 蕾 刘 援 孙丹妮

在应对气候变化、防范气候风险方面，欧美等发达国家和地区已走在了世界前列。2021 年 5 月，拜登政府签署行政令，要求美国国内银行与企业披露气候风险数据，同时进行审慎的财政管理。在新型冠状病毒肺炎疫情给金融业带来严峻冲击的背景下，2020 年年末，欧洲央行与欧盟成员国国家主管部门共同起草了全球金融体系应对气候环境风险的首个重要正式文件——《气候环境风险指南》。法国央行行长维勒鲁瓦对英国《金融时报》表示，各国政府和央行官员关于新气候风险披露规则的谈判进展快于预期，在第 26 届联合国气候变化大会（COP26）上可能达成一项全球协议，要求各成员国所有上市公司以标准化的方式披露其因气候变化而面临的风险。

根据联合国政府间气候变化专门委员会（IPCC）的定义，气候风险不仅包括气候相关危害产生不利后果的可能性，也包括为应对气候相关危害所采取的适应或缓解措施对生活、生计、健康和福祉、生态系统和物种、经济、社会和文化资产、服务（包括生态系统服务）以及基础设施产生不利影响的可能性。气候相关风险可以分为两类：一类是气候物理风险，包括气候变化导致的海平面上升及各种极端气候事件；另一类是气候转型风险，包括在适应低碳转型的过程中，由于政策变化、法律变化、技术限制或突破等不确定影响引发的损失。气候变化是当今国际社会共同面临的重大挑战，也是威胁“一带一路”建设成效的重要因素，借鉴国际应对气候变化良好实践，对“一带一路”项目开展全面的气候风险管理显得尤为重要。

一、“一带一路”项目面临的气候风险挑战

“一带一路”区域横跨亚洲、欧洲、拉丁美洲和非洲东部、北部，沿线区域气候、地理与地质条件复杂，基础设施建设不完善，社会经济发展不均衡，普遍对气候变化的敏感程度较高并且环境脆弱性较高。王会军等（2020）针对“一带一路”区域气候变化的事实、未来变化预估、气候变化的可能影响以及带来的潜在风险等问题开展分析研究，结果显示随着全球气候变暖的加剧，“一带一路”沿线国家和地区面临的极端气候事件发生的频率和强度均将增加，在上述趋势下，“一带一路”区域开展的投资项目可能面临较高的气候物理风险。例如，“一带一路”沿线的海岸带国家可能受到海平面上升、海水入侵、台风和风暴潮等带来的相关灾害影响，而这些地区往往是“一带一路”港口、产业园区、自由贸易区等合作项目的选址地。南亚、北亚、拉丁美洲一些国家可能受高山冰川融化、洪水等影响，导致基础设施建设和维护成本成倍上升。因此，在“一带一路”投资项目设计和开发过程中应加强对气候物理风险的评估和管理，从而有效规避建设和运营期间的风险，保障项目的顺利实施。

虽然目前大多数“一带一路”共建国家没有作出“碳中和”承诺，在低碳政策和清洁能源目标方面存在空缺，但在全世界共同经历史上最大规模绿色低碳转型的背景下，若项目所在国为履行应对气候变化承诺而搁置部分化石能源开发，这部分能源就会成为“搁浅资产”，用于开采、加工这些搁浅资产的基础设施就会失去效用。事实上，在中国企业和金融机构广泛参与的南亚和东南亚国家的电力市场正在进行着清洁能源转型。2020 年 6 月，菲律宾国会气候变化委员会通过了不再新建煤电的决议，越南和孟加拉政府也在计划出台相关政策以放缓煤电建设，并重审部分已规划项目。参与“一带一路”建设的中国企业和银行需要对气候转型风险有清晰认识和准确判断，警惕高碳投资可能带来的资产风险。

二、项目气候风险管理国际良好实践

（一）通过气候风险评估管理项目气候物理风险

近年来，气候风险评估已成为多边投资银行项目尽职调查的重要组成部分。自 2014 年起，世界银行要求国际开发协会（IDA）资助的所有项目将短期和长期气候与灾难风险的筛查作为投资尽职调查的一部分；2017 年，该要求已扩展到国际复兴开发银行（IBRD）资助的所有业务。2014 年，亚洲开发银行（ADB）要求对所有项目进行气候风险筛查，并对高风险项目进行更详细的评估。

以全球环境基金为代表的多边信托基金也将气候风险筛查作为项目开发评审过程中重点关注的内容。全球环境基金（GEF）作为《联合国气候变化框架公约》（UNFCCC）的多边资金机制，响应公约缔约方大会要求，在其 2018 年更新的环境与社会保障标准中明确提出“在环境与社会保障筛查、评价和管理计划制订的过程中要依据已建立的方法学，系统地考虑气候变化和其他自然灾害带来的短期和长期风险，在项目设计和执行的全过程中解决重大风险和潜在影响”，并于 2019 年年底发布气候风险筛查指南，用于指导项目的气候风险筛查。

1. 气候风险评估流程

多边投资银行和多边信托基金对项目气候风险评估的要求大致相同，气候风险评估主要包括危害识别、脆弱性和暴露程度评估、气候风险分级以及气候风险管理 4 个步骤。

危害识别：气候相关危害包括短期、剧烈的冲击（如风暴、火灾或洪水等极端事件），也包括长时期内发生的慢性事件（如干旱）。根据联合国政府间气候变化专门委员会（IPCC）对风险的定义，气候风险评估不仅需要考虑危害本身的后果（如干旱导致作物减产及产生粮食不安全的问题），还应考虑危害应对措施产生的后果（如为减缓气候变化推广使用生物燃料导致粮食不安全，或因项目推动的水稻种植增加所产生的甲烷排放）。

脆弱性和暴露程度评估：脆弱性描述的是遭受不利影响的倾向，涉及一系列概念和要素，包括对危害的敏感性以及缺乏应对和适应的能力。物理因素、社会因素、经济因素和环境因素都有可能导致脆弱性。暴露是指人、生计、物种或生态系统、环境功能、服务和资源、基础设施以及经济、社会或文化资产处于可能受到不利影响的地点和环境。当某些事物既具有脆弱性又暴露于危害中时，就会产生负面影响。

气候风险分级：综合考虑气候风险对项目影响的严重性和规模，减缓或适应气候相关危害的可能性和能力，项目可分为极高风险、高风险、中等风险和低风险 4 种等级。极高风险指气候变化可能对项目成果造成严重且不可逆的影响，导致项目财务、环境和社会表现不佳或失败，应对气候变化的适应措施很可能没有效果、成本高昂、不被社会接受或者可能导致风险增加而韧性降低。高风险指气候变化可能会造成较为广泛的影响，破坏项目成果，难以找到有效的适应措施，但可以通过风险管理活动增强家庭、基础设施、社区和生态系统的韧性和适应能力。中等风险指气候变化可能造成有限的、短暂的或可控制的影响，因气候风险导致项目财务、环境和社会表现不佳或失败的可能性较小。低风险指根据现有的科学研究，预计项目不会受到气候变化的影响（包括积极影响），因气候风险导致项目财务、环境和社会表现不佳或失败的可能性极小。

气候风险管理：气候风险管理是风险评估的最终目标，是通过各种途径或技术手段，最大限度降低气候变化可能导致的损失，保障项目成果的实现和可持续性。对于极高风险项目，应重新考虑项目内容或项目地点。对于中高风险项目，需要对气候风险分级和气候风险管理方案进行详细评估，制订全面的、具可操作性的风险管理计划，通过行动、策略或政策减少风险发生的可能性，减轻应对气候风险可能造成的后果。需要注意的是所采取的适应或减缓措施本身不会导致额外的风险。此外，气候风险管理计划还应包括对该计划的监测和评估安排。气候风险管理计划应和环境与社会管理计划同期完成，以保证相关措施能够及时纳入项目。

2. 气候风险评估数据和工具

开展项目的气候风险评估时，首先应保证获得充分可靠的数据，主要包括：（1）项目所在国家或地区的气候预测信息，尽可能获得项目所在地具体位置的气候预测信息；（2）潜在的气候危害（如大雨导致洪水、少雨导致干旱、温度变化可能导致热浪、海平面上升或飓风等其他极端情况）；（3）当前的暴露程度、脆弱性和适应能力以及预计的暴露程度、脆弱性和适应能力。目前国际上有许多组织和机构提供气候变化相关数据，包括世界银行（WB）、联合国政府间气候变化专门委员会（IPCC）、世界气象组织（WMO）、美国国家航空航天局（NASA）、世界资源研究所（WRI）等。以世界银行气候变化知识门户网站（Climate Change Knowledge Portal，CCKP）为例，该网站可提供历史的和预测的全球气候、脆弱性和影响数据，并且可以按国家、地区、流域等进行数据搜索。

气候风险评估可以采用文献综述的方式，也可以使用在线工具进行分析。世界银行（WB）、英国环境局（Environment Agency，EA）、世界资源研究所（WRI）等机构都发布了气候风险筛查工具。例如世界银行（WB）发布了气候和灾害风险筛查系列工具，以气候变化知识门户网站的气候预测、国家适应概况和灾害风险数据源为依托，通过结构化、系统化的方法协助项目开发人员开展项目尽职调查并标记潜在风险，目前已涵盖一般项目、农业、能源、道路、水、健康、沿海防洪 7 个关键领域。

项目应选择和使用可靠的气候数据和工具来进行气候风险评估。此外，项目团队还可以通过与项目所在地合作伙伴召开研讨会、开展访谈或实地访问等形式，进一步收集和确认相关信息，以此更好地理解项目可能面临的气候挑战和机遇。

（二）金融机构限制对高碳行业投资以规避气候转型风险

气候转型风险的控制基于对外部环境的整体判断，与机构整体战略相联系，通过业务规划、投资战略等文件来体现。目前全球已有上百家主要金融机构制定了正式的煤炭开采及燃煤电厂限制政策，这些金融机构包括公共开发银行、国家发展金融机构、出口信贷机构、私人银行和保险公司。2013 年，世界银行（WB）在其能源行业投资战略中注明，停止向新建燃煤电厂和煤矿开采行业提供融资，除非是缺少煤炭融资来源并且能源需求只能由燃煤发电满足的国家。此后，欧洲复兴开发银行（EBRD）、亚洲开发银行（ADB）、欧洲投资银行（EIB）等多家多边开发银行先后在限制煤电和采煤行业项目融资方面作出承诺。2017 年，世界银行（WB）进一步宣布将在 2019 年后停止为石油和天然气项目提供融资。2019 年，欧洲投资银行（EIB）决定自 2021 年起，不再为包括天然气项目在内的化石能源项目提供贷款。2021 年 5 月 7 日，亚洲开发银行（ADB）发布修订后的能源政策征求意见稿，拟提出将不再向煤炭、石油开采和天然气生产、勘探行业提供融资。

从煤炭撤资的趋势也正在商业金融机构中发生，如2018年汇丰银行（HSBC）宣布将停止对全球多个国家的煤炭发电项目进行投资及融资，2019年法国巴黎银行资产管理公司（BNPP AM）宣布计划停止向从事动力煤开采的公司投资，2020年年初摩根大通（JPMorgan Chase）宣布将限制全球煤炭开采和燃煤发电的融资。根据雨林行动网络（Rainforest Action Network）、银行监察组织（Bank Track）等非政府组织共同发布的《2021年银行业气候变化化石燃料融资报告》，全球60家最大的商业银行和投资银行中有超过75%的银行有限制煤炭融资的相关政策，越来越多的银行开始限制对部分石油和天然气行业的融资，特别是针对油砂和北极地区的石油和天然气。

三、系统推动“一带一路”项目气候风险管理的建议

（一）建立“一带一路”项目气候风险评估机制

2021年6月23日，在“一带一路”亚太区域国际合作高级别会议期间，与会各方共同发起“一带一路”绿色发展伙伴关系倡议，其中包括倡导“建设环境友好和抗风险的基础设施，包括加强项目的气候和环境风险评估，借鉴国际上公认的标准和最佳实践，鼓励相关企业承担社会责任，保护当地生态环境”。目前中国企业在对外投资活动中坚持“属地原则”，遵循项目所在国的相关法律法规和政策。由于“一带一路”沿线国家在环境和气候治理方面的能力参差不齐，因此绿色“一带一路”建设需要配套相关的环境保障政策框架，以指导项目实施或管理主体识别、控制、规避可能产生的重大环境风险。建议借鉴多边投资银行和信托基金的经验，在上述框架中纳入气候风险筛查和管理要求，并配套出台具体的、有操作性的指南，以指导项目最大限度地规避“一带一路”推进过程中的气候风险。

此外，“一带一路”项目尤其是基础设施建设项目的实施方多有向金融机构借款、担保的需求。建议依托绿色金融体系，引导和支持参与“一带一路”建设的金融机构接纳气候风险管理理念，积极探索气候风险货币化计量和评估工具，同

时完善自身的环境风险管理体系。

（二）开发并发布针对“一带一路”地区投资建设的气候风险筛查工具

选择和使用可靠的气候数据和工具是气候风险评估的关键，然而目前还没有针对“一带一路”区域的气候风险筛查工具。可考虑通过国内科研机构自行开发或与世界银行（WB）等机构和组织合作等方式，结合“一带一路”建设项目的特点，有针对性地开发覆盖“一带一路”地区所有国家的国别筛查工具。为参与“一带一路”建设的中方机构和企业以及共建国家提供数据支持和分析服务，提高绿色“一带一路”建设的科学决策水平。

（三）制定低碳投资战略以削弱转型风险对“一带一路”项目的影响

2020 年 9 月，亚洲基础设施投资银行行长金立群宣布亚洲基础设施投资银行不会再为任何火电厂或涉煤项目提供资金，同时表示亚洲基础设施投资银行计划 2021 年调整《能源部门战略》。这一承诺体现了亚洲基础设施投资银行促进低碳发展、实践绿色战略的决心，也为其他支持“一带一路”建设的国内金融机构识别气候转型风险及在对外能源投资方面向低碳转型开启了先河。建议国内金融机构借鉴国际良好实践，适时考虑调整海外能源融资政策、警惕高碳资产的投资风险、严控煤电等高碳投资、增加对可再生能源及其他低碳基础设施的政策和金融支持。

参考文献

王会军，唐国利，陈海山，等，2020.“一带一路”区域气候变化事实、影响及可能风险[J]. 大气科学学报，43（1）：1-9.

Asian Development Bank，2021. Draft Energy Policy：Supporting Low Carbon Transition in Asia and the Pacific[R].

Rainforest Action Network（RAN），BankTrack，Indigenous Environmental Network（IEN），Oil Change International（OCI），Reclaim Finance，and the Sierra Club，2021. Banking on Climate Chaos：Fossil Fuel Finance Report 2021[R].

中国软性商品价值链绿色化的背景、意义和路径

董　鑫　刘　婷　陈　明

全球价值链[①]助推中国实现了经济上的历史性增长。然而当前新冠肺炎疫情、大国贸易战等诸多威胁和挑战交织叠加，可能会促使各国采取措施将价值链回归本地化。在此背景下，中国环境与发展国际合作委员会主持开展了全球软性商品价值链绿色化专题研究，分析了中国推动全球软性商品价值链绿色化的重要意义和行动策略。

传统模式下的软性商品生产会造成森林破坏，加剧生物多样性丧失、生态功能退化和全球气候变化等全球环境问题。推动软性商品价值链绿色化对保障供应链安全和可持续发展至关重要。作为关键软性商品的主要进口国和消费国，中国在全球软性商品价值链中有着不容忽视的影响力。推动全球价值链绿色化也符合中国的切身利益，契合生态文明理念，可有效增强全球价值链安全性和合法性，有利于维护和提升中国的国际声誉。

中国应把握这个历史机遇，在全球软性商品价值链绿色化进程中发挥促进作用，可以从 3 个方面推进：①实施国家绿色价值链战略，建立政策与机构支持框架；②采用监管与市场手段相结合的方式，逐步推进价值链绿色化进程；③推动绿色价值链理念融合，充分发挥协同增效作用。

---

① 全球价值链（Global Value Chains，GVCs）指从生产开始到消费结束各个阶段商品不断增值的过程，各阶段的执行者是世界各地的参与者。在全球价值链中，生产过程被划分到不同的国家，由不同企业承担特定工作。

一、软性商品的传统生产模式及其价值链绿色化

软性商品是指农林行业种植和养殖的原材料及其衍生物，包括用作食物、纤维、饲料、医药、化妆品、清洁用品、燃料等的动植物及其衍生品。本文以大豆、棕榈油、牛肉和林产品 4 种软性商品作为对象进行重点研究。受自然条件影响，软性商品多在世界各地的优势地区生产，各国通常依赖全球价值链来获取所需的软性商品。

（1）软性商品的传统生产模式及其挑战

软性商品的传统生产模式通常会伴随着森林砍伐、气候变化和生物多样性丧失等全球环境问题。如今，仍有许多软性商品生产国的森林砍伐率居高不下（如图 1 所示）。据统计，软性商品生产造成的森林砍伐量约占全球森林砍伐总量的 40%～50%。过去 20 年间，在巴西和印度尼西亚森林覆盖率的持续下降与这些软性商品的生产密切相关（如图 2 所示）。

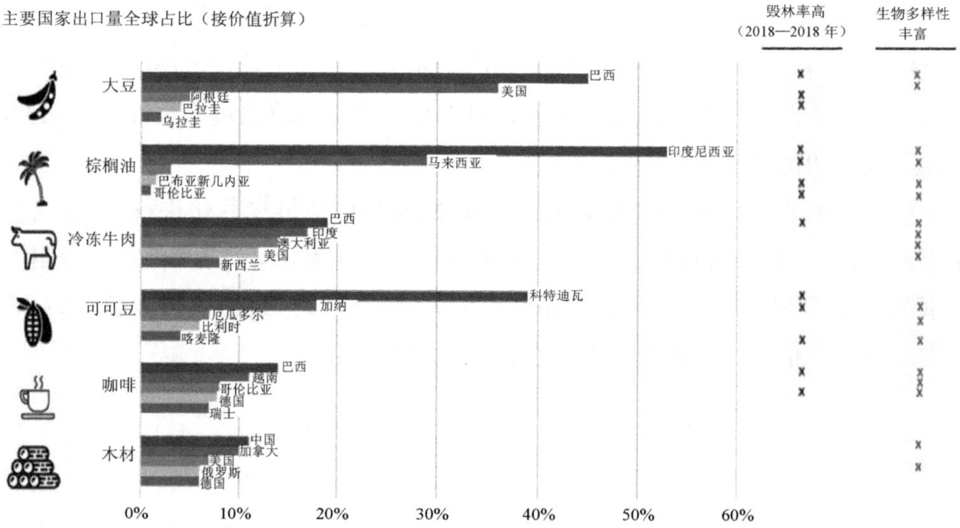

数据来源：《哈佛经济图集》、联合国贸易数据库、国际货币基金组织贸易统计、全球森林观察、联合国粮农组织、《世界地图集》、联合国世界保护监测中心

注：图中占比以美元折算。全球商品出口总值：大豆为 576 亿美元；冷冻牛肉为 215 亿美元；木材为 1350 亿美元；可可豆为 95 亿美元；咖啡为 318.8 亿美元。

图 1　2017 年全球软性商品出口量及主要生产国

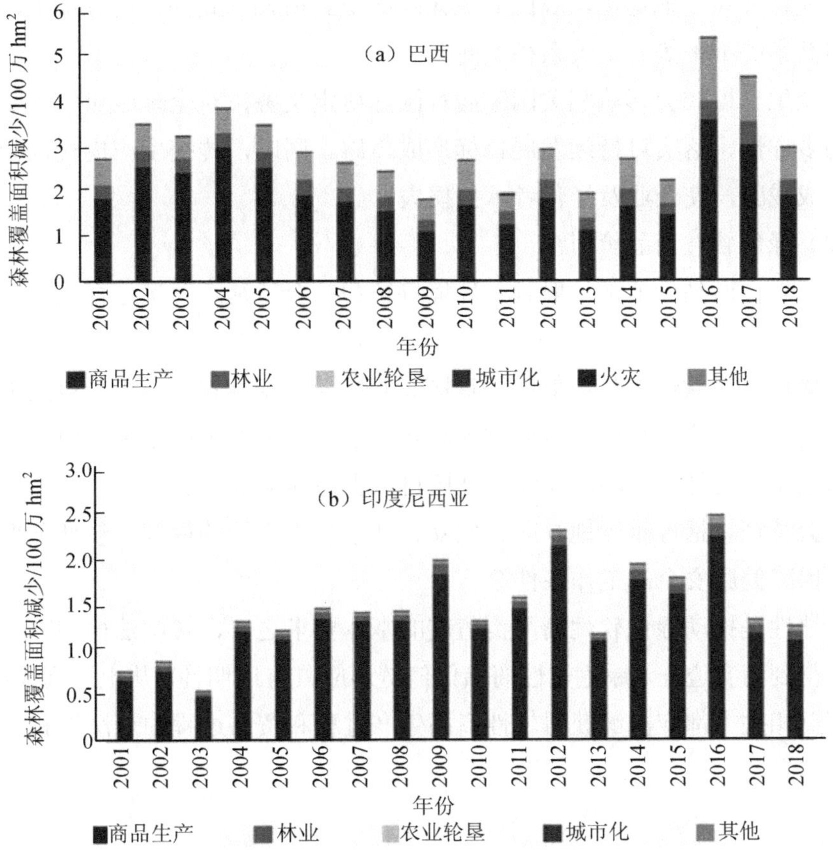

数据来源：全球森林观察，2019。

图 2　巴西和印度尼西亚森林覆盖率下降因素分析

软性商品生产面临合法性问题。在全球软性商品供应过程中，有很大一部分与非法伐木或开荒、违反劳动法、避税或许可证和执照分配不当有关。全球每年林产品非法贸易额为 500 亿～1 520 亿美元。巴西亚马孙地区 90%以上的森林砍伐都是非法的，印度尼西亚政府 2019 年发现大约 81%的油棕种植园区不符合相关法规。

软性商品生产还涉及平等和包容等社会问题。女性在软性商品价值链中的参与率往往较低，获得资本和金钱的机会少，工作价值被低估。传统的软性商品生产模式使森林和土地退化，农民的生计因此受到损害。此外，还有童工、奴役、安全和健康等不平等劳工关系相关问题。

传统生产模式会影响相关国家履行国际协定义务，对全球应对气候变化、保护生物多样性、落实可持续发展目标形成障碍。同时，传统生产模式也会对全球经济构成威胁，使企业及经营者承担损失。

（2）绿色软性商品价值链

绿色软性商品价值链一般具有环境特征和社会特征，并满足合法性和透明性要求。

环境特征指软性商品价值链不直接或间接导致森林和其他重要自然生态系统的退化、被破坏或被转化。应通过提高和改进现有土地生产率来实现软性商品生产的绿色化，这是避免竭泽而渔、破坏自然生态的关键方法。

社会特征包括尊重当地社区、妇女、儿童和工人等的权利，包括不受歧视和剥削、保障健康安全的工作条件等。

合法性是推动绿色软性商品价值链的基本要求之一，各国法律和国际法律义务必须得到切实遵守。绿色软性商品价值链还应具有透明性，从土地到最终市场，所有利益相关方都应能够获得软性商品生产过程和贸易过程中合法性和可持续性的相关信息。

二、中国推动全球软性商品绿色价值链具有重要意义

作为全球最大的软性商品进口国和消费国，中国有能力推动全球软性商品价值链发生积极变化。同时，这也与中国的切身利益相符。

（1）符合中国生态文明理念

软性商品价值链的绿色化与中国提出的生态文明理念完全一致，中国推动全球软性商品价值链绿色化也是这一愿景的具体体现。

（2）保障软性商品供应链安全

全球软性商品价值链的绿色化是保障供应链安全的一个重要条件。在保护森林等环境要素的同时，全球绿色软性商品价值链有利于生产的可持续性，同时维持软性商品供应和价格的长期稳定。

（3）维护软性商品价值链合法性

各国软性商品生产和贸易法规正在迅速加强，合法性审查和监管也正在迅速推进。遵守国际法、尊重各国主权是中国秉持的一贯原则，软性商品价值链绿色化有助于中国企业进一步维护全球价值链的合法性。

（4）对未来市场提前做好准备

中国未来经济是否能够继续取得成功，取决于中国对未来市场特别是对绿色生产和绿色消费需求的把握。软性商品市场呈现出 3 种绿色转型趋势：一是消费者对商品可持续性的关注日益增强；二是零售商和制造商业务可持续性标准日益提高；三是针对不可持续商品生产和贸易的投资日益收紧。打造全球绿色软性商品价值链可以帮助中国及中国企业提前准备并即刻行动，为未来市场提供充足的绿色商品。

（5）有效提高中国的国际声誉

中国作为软性商品的主要进口国和消费国，清晰表明推动软性商品价值链绿色化的目标与行动方案，有助于进一步确立中国负责任大国的全球积极参与者地位。在推动实现全球一致目标方面，中国可以与其他主要经济体协同发挥重要作用。

三、中国推动软性商品绿色价值链行动路径建议

（1）实施国家绿色价值链战略，建立政策与机构支持框架

中国可以在《生物多样性公约》第十五次缔约方大会上宣布启动国家绿色价值链发展战略。初期主要涵盖部分以中国为主要进口国并对自然生态系统有显著积极影响的软性商品。为落实这一政策承诺，中国可设立一个协调机制，以价值链的安全性、可持续性和绿色化发展为关注点，负责协调推动国家绿色价值链发展战略的实施。同时，中国应组建绿色价值链技术支持机构，与利益相关者（包括政府、企业、研究机构等）及专家开展合作，负责拟定相关规划和计划，研究建立相关技术体系，指导推动相关具体工作，为相关利益方提供技术服务。

（2）采用监管与市场手段相结合的方式，逐步推进价值链绿色化进程

中国应加强对来自原产国非法收获或非法生产的软性商品的进口管理。实际上，这也是对商品出口国落实其软性商品生产和贸易管理法规的支持。最新修订的《中华人民共和国森林法》对林产品合法性管理进行了规定，以此为基础，中国可逐步将监管范围扩大到其他软性商品。鼓励企业利用现有的多种工具和方法加强尽职调查和可追溯体系应用，确保商品生产和贸易的合法性和透明性。同时，中国应加大对高营养价值的绿色植物衍生食品的生产技术和生产能力投资，增强食品安全保障，降低人畜共患疾病风险，减少对进口的依赖，促进价值链的稳定和贸易平衡。

（3）推动绿色价值链理念融合，充分发挥协同增效作用

中国可将绿色软性商品贸易管理措施纳入双边和多边贸易协定中，在世界贸易组织（WTO）内牵头开展绿色软性商品贸易关税优惠工作，在亚太经济合作组织（APEC）下支持建立统一的软性商品生产和贸易可持续标准。中国可以通过“南南合作”支持相关国家开展软性商品可持续生产转型，帮助生产国提高现有农业用地的生产效率，改善产品可追溯性及相关政策设计。中国应促进绿色价值链战略与其他相关政策的相互融合，发挥协同增效作用。鼓励金融机构创新绿色价值链的投资、融资模式，将软性商品绿色价值链的要求纳入信贷或资产投资的尽职调查程序。鼓励各相关国家在绿色“一带一路”建设及其他国际合作机制框架下，共同推进全球绿色价值链的发展。

绿色供应链助力中国“碳达峰碳中和”任务

袁　钰　董　鑫　刘　婷

一、多举措保障“碳达峰碳中和”任务推进

在第 75 届联合国大会期间，国家主席习近平提出，中国将提高国家自主贡献力度，采取更加有力的政策和措施，二氧化碳排放力争于 2030 年前达到峰值，努力争取 2060 年前实现“碳中和”。2020 年 11 月 17 日，国家主席习近平在金砖国家领导人第十二次会晤时又一次重申这一方针。中国的这一方针充分彰显了大国责任与担当，对全球气候治理起到关键性的推动作用。

为保障中国“碳达峰碳中和”任务的顺利实现，国家有关部门陆续颁布了相关政策，并召开多次重要会议部署碳减排重点工作。2020 年 12 月 16—18 日，中央经济工作会议强调要做好推动“碳达峰碳中和”的任务，要抓紧制定 2030 年前碳排放达峰行动方案，支持有条件的地方率先达峰，要加快调整优化产业结构、能源结构，要继续打好污染防治攻坚战，实现减污降碳协同效应。2020 年 12 月 30 日中央全面深化改革委员会第十七次会议强调，建立健全绿色低碳循环发展经济体系，促进经济社会发展全面绿色转型，是解决我国资源环境生态问题的基础之策。

2021 年 2 月，国务院印发《关于加快建立健全绿色低碳循环发展经济体系的指导意见》（以下简称《意见》）。《意见》对加快建立健全绿色低碳循环发展经济体系做了顶层设计和总体部署，旨在统筹好经济发展和生态环境保护建设的关系，促进经济社会发展全面绿色转型。《意见》明确提出构建绿色供应链。鼓励企业开展绿色设计、选择绿色材料、实施绿色采购、打造绿色制造工艺、推行绿色包装、开展绿色运输、做好废弃产品回收处理，实现产品全周期的绿色环保。

习近平总书记强调要“坚定不移贯彻新发展理念”“到 2035 年，广泛形成绿

色生产生活方式，碳排放达峰后稳中有降，生态环境根本好转，美丽中国建设目标基本实现”。

生态环境部部长黄润秋在2021年全国生态环境保护工作会议上表示，推动减污降碳协同治理成为促进经济社会发展全面绿色低碳转型的重要抓手。“十四五”时期，我国生态环境保护将进入减污降碳协同治理的新阶段。实施减污降碳协同治理，能够更好地推动环境治理从注重末端治理向更加注重源头预防和源头治理有效转变。

二、绿色供应链管理是实现“碳达峰”的重要手段

我国人口众多，正处在工业化进程中。在未来很长一段时间内，制造业仍将是经济增长的主要驱动力和吸纳就业的重要渠道。因此，我国不能照搬发达国家“污染产业转移”的模式来实现“碳达峰碳中和”，只能通过对现有产业的技术升级来减少碳排放量。对生产生活方式具有直接倒逼和优选作用的绿色供应链管理在这个过程中能够作为行政手段的必要补充，能够有效推动社会经济发展的全面绿色转型。

绿色供应链管理是一种在整个供应链中综合考虑环境影响和资源效率的现代环境管理模式，涉及供应商、生产厂、销售商和用户，其目的是使产品从物料获取、加工、包装、仓储、运输、销售、使用到报废处理的整个生命周期对环境的影响最小、资源利用率最高。绿色供应链管理是基于市场机制的创新型环境管理模式，通过环境经济政策和市场调控手段的协同作用，利用行业龙头企业的市场影响力，带动全产业链上下游采取节能环保和绿色改造措施，降低全产业链的污染物排放量。

（一）绿色供应链管理依靠市场机制有效调动全产业链系统性节能减碳

在完善自身节能减碳工作的基础上，各行业龙头企业发挥自身信息和资金等方面的优势，通过绿色采购、绿色金融、供应商黑白名单等绿色供应链管理措施，推动其上下游供应商及合作伙伴开展更积极有效的环保节能减碳行动，从而达到

全产业链的系统性节能减碳。

（二）绿色供应链管理可以有效提高企业节能减排技术升级改造的能力

绿色供应链管理以某一龙头企业的供应链为对象，由参与生产活动的相关企业综合考虑本行业市场需求、技术研发现状、自身情况等因素，针对性地设计整改目标，开展整改行动，具有更好的针对性和可行性。龙头企业通过与其供应商建立信息交流机制，开展产品的联合设计和研发，帮助其供应商，特别是帮助其中的中小型企业及时获得相关环境政策变化信息、了解推荐技术升级方向、制定解决方案、提升环境管理能力。

（三）绿色供应链管理可以成为环境行政管理的必要补充

与常规的政府主导的行政管理手段不同，绿色供应链管理由企业主导，基于市场机制，通过绿色采购、绿色生产、绿色金融等共同作用，使节能减碳和环境保护的理念深入渗透到产业链的各个环节，促使供应链各环节的参与者主动挖掘自身环保低碳转型潜力并采取措施。这种管理运作模式可以更好地降低行政管理的成本，提高管理效率。

三、应对气候变化的绿色供应链行动

（一）实施绿色供应链管理减少温室气体排放的实践经验

企业作为生产活动的主要开展者和能源消费的主体，在减少碳排放行动中可以也应当发挥更积极、更重要的作用。在考虑总体气候影响时，供应链通常占一个企业温室气体排放量的 75%以上，制造型企业约 40%～60%的碳足迹来自其供应链；非制造型企业约 80%的碳足迹来自其供应链。不少大型跨国企业，如电子行业的苹果公司和联想集团、零售行业的沃尔玛、汽车行业的奔驰等，已经开展了通过绿色供应链管理减少其产品碳足迹的实践，利用自身的市场影响力，寻求系统性减排效果的最大化。

苹果公司自 2015 年起开展了供应商能效项目，旨在促进供应链的能源管理持续改善，帮助供应商提升能源效率技术能力和管理水平，提高供应商的环境保护意识。截至 2019 年，供应商能效项目累积减少其供应链年化碳排放量超 77.9 万 t。超过 70 家供应商向苹果公司承诺使用 100%可再生能源制造其产品，相当于每年减排 CO_2 1 430 万 t。

沃尔玛于 2017 年宣布启动净零排放计划项目（Project Gigaton），承诺到 2030 年减少供应链排放 10 亿 t，并在此后的 3 年内通过采用可再生能源、货车脱碳、减少冷煤使用、采用永续性包材等方式成功减少了 2.3 亿 t 的温室气体排放。

梅赛德斯-奔驰于 2019 年启动了名为 Ambition 2039 的奔驰碳中和计划，目标是在 2039 年之前让工厂生产的汽车实现完全的“碳中和”。该计划除对奔驰自身的生产工厂进行技术升级和能源改造外，还要求现有供应商也参与该计划，对汽车零部件的生产过程进行脱碳，并计划在未来与供应商签订的合同中加入碳减排目标。

联想集团在 2020 年发布的环境、社会和治理（Environment，Social and Governance，ESG）报告中披露，通过实施节能项目并使用可再生能源，扩大对可持续发展运营的投入，联想集团 2019/2020 财年减少了 92%的温室气体排放，超额完成了 40%。联想集团承诺到 2030 年将热能和电力的相关排放减少一半，部分价值链的碳排放强度降低 25%，到 2050 年实现“碳中和”。

随着气候变化的影响越来越显著，快速削减碳排放成为国际公认的当务之急。供应链温室气体管理的实践正在从大型跨国公司的尝试逐步发展为全球企业参与的共同行动，受到越来越多的关注和认可。2015 年 6 月，世界自然基金会（WWF）、全球环境信息研究中心（CDP）、世界资源研究所（WRI）以及联合国全球契约组织（UNGC）联合发起全球倡议——科学碳目标倡议（SBTi），为企业设定基于气候科学减排目标的清晰指导框架，以确保企业所设定的温室气体减排幅度和速度目标与《巴黎协定》中控制全球温升幅度小于 2℃的目标相一致。设立科学碳目标有助于企业提升竞争优势和品牌形象，推动企业创新和降低管理风险，并能减少资源浪费和提升资源利用效率，最终为企业带来诸多积极影响。截至 2020 年 11 月，已有 1 061 家公司公开加入科学碳目标倡议，其中包括 21 家中国企业，如联想集团、京东物流、隆基股份等。

（二）绿色供应链管理的国内实践

近年来，我国政府高度重视绿色供应链工作，发布一系列支持政策，引导企业践行绿色供应链管理并鼓励地方先行先试，在政策制定、理论研究、试点实践等方面均取得了积极进展。

从 2014 年商务部、环境保护部、工业和信息化部联合印发《企业绿色采购指南（试行）》开始，绿色供应链作为一个独立、明确的概念和管理手段出现在各类法规政策中并被大力倡导和推行。2016 年 3 月，《中华人民共和国国民经济和社会发展第十三个五年规划纲要》中明确加快构建绿色供应链产业体系，为推动绿色供应链快速发展提供了依据、奠定了基础。2021 年 2 月，国务院印发的《关于加快建立健全绿色低碳循环发展经济体系的指导意见》中明确提出构建绿色供应链，实现产品全周期的绿色环保。

有关部门和有关机构积极推进绿色供应链管理重点行业和地方试点实践，开展绿色供应链管理机制、标准指标体系、平台工具、方法案例等相关研究。天津市、上海市、东莞市、深圳市等地区相继开展绿色供应链管理试点工作，结合地方产业特色形成了不同的绿色供应链示范管理模式。天津市建立了中国首个亚太经济合作组织绿色供应链合作网络示范中心；上海市通过政府引导、企业参与的方式，通过典型企业试点、开展绿色供应商和优秀企业年度评选，推动各行业企业开展绿色供应链管理实践；东莞市作为环境保护部正式批复的绿色供应链试点城市，建立了绿色供应链管理信息平台，成功推出了绿色供应链管理评价体系，开展了家具、制鞋、造纸、机械制造、电子等多个行业的绿色供应链实践。

四、绿色供应链管理助力“碳达峰碳中和”的几点思考

在“2030 年实现碳达峰”“深入打好污染防治攻坚战”“构建新发展格局”等目标影响下，绿色供应链管理对减污降碳、保障产业链及供应链安全稳定的积极作用日益凸显，并得到广泛关注。目前我国绿色供应链管理已有一定的研究及实践基础，发展绿色供应链管理，以市场机制助力我国“碳达峰碳中和”行动具有积极意义，可在以下几方面进一步推进。

（一）开展绿色供应链认证研究，开发评价认证工具

在 2021 年 3 月召开的“两会”上，有代表提出了推动绿色供应链管理标准建立的提案，明确提出应加快行业绿色供应链管理评价标准的制定与发布。建议由生态环境部牵头，开展绿色供应链管理认证评价体系研究，针对重点减碳领域开发碳核算工具，规范绿色供应链评价与认证标准，推动企业环保信息披露，科学评估产品供应链各个环节的污染物，尤其是碳排放量，确保碳减排效益可测量、可核查、可报告，助力准确测算实施绿色供应链管理后产业链在减污降碳方面的贡献量。

（二）针对重点行业、地区开展绿色供应链管理先行先试

目前，我国很多企业对减污降碳、绿色供应链管理的认识和实施技术水平仍有待提升，绿色供应链的管理实施缺乏驱动力，因此加强并扩大绿色供应链管理建设范围和影响力势在必行。建议结合国家“碳达峰碳中和”总体目标和行动方案，综合考虑重点减碳行业领域，选择具备一定基础的地区（如粤港澳大湾区、长三角区域、京津冀地区、成渝经济圈等），分行业、分地域制定绿色供应链管理实施方案，开展“先行先试”，逐步扩大绿色供应链管理实践范围。

（三）利用国际平台开展协同合作

目前，绿色供应链管理已有较多优秀的国外实践案例。建议充分依托“一带一路”绿色发展国际联盟、“一带一路”大数据服务平台、亚太经济合作组织（APEC）绿色供应链合作网络等国际合作平台与机制，加强交流合作，借力国际良好实践与经验，推动我国绿色供应链管理在政策、资金、技术、人才等方面的发展，提升产业链减污降碳实效，助力“碳达峰碳中和”任务。

第三部分

欧美环境贸易与投融资政策的观察与分析

“碳中和”愿景下欧美发布贸易新政对我国影响的分析

张彦著　郑　军

2020 年，欧盟和美国相继发布新版贸易政策文件——《开放、可持续和坚定自信的贸易政策》（*An Open，Sustainable and Assertive Trade Policy*）和《2021 年贸易政策议程和 2020 年美国总统关于贸易协定方案的年度报告》（*2021 Trade Policy Agenda and 2020 Annual Report of the President of the United States on the Trade Agreements Program*，以下简称为《2021 年贸易贸易政策议程》），双方强调经济复苏与转型、塑造全球性贸易准则、增强维护自身利益。欧美新版贸易政策文件均提出战略性地改革世界贸易组织（WTO）规则，且均提及将推行碳边境调节机制。欧美在该方面的共识可能成为对发展中国家不利的新贸易保护主义手段，可能成为全球范围贸易冲突的新根源。

一、欧盟新版贸易政策强调绿色转型和世贸组织改革

欧盟认为贸易是其最强大的经济工具之一。贸易是欧洲经济繁荣和竞争力的核心，支持充满活力的内部市场和自信的外部行动。由于其贸易体制的开放，欧盟成为世界上最大的农产品和制成品及服务贸易的经济体，相关贸易在欧盟内外投资中均居首位。贸易对欧盟经济至关重要。根据数据统计资料，2019 年欧盟商品和服务出口总额为 3.1 万亿欧元，进口额为 2.8 万亿欧元，双向进出口总额占欧盟生产总值的 43%，欧盟每 7 个就业岗位中就有 1 个依靠贸易支持。

面对新的内外挑战，尤其是欧盟绿色协议和欧盟数字战略所定义的创新、更可持续的增长模式，欧盟需要一项新的贸易政策战略，该战略将支持实现其内外政策目标，并按照其全面执行联合国可持续发展目标的承诺，促进更可持续的发

展。新版贸易政策致力于新冠肺炎疫情后经济复苏，在经济绿色和数字化转型中充分发挥其重要作用，并建设一个更具韧性的欧盟。

欧盟表示，将积极推动 WTO 改革，敦促 WTO 各成员国在贸易和气候变化领域做出更大承诺，为数字贸易制定新规则，同时加大力度应对不公平竞争，恢复 WTO 争端解决机制。未来欧盟将把 WTO 改革放在欧盟贸易政策的重要位置，推动全球绿色商品生产及服务贸易建设，减少对化石能源等行业的补贴，在全球贸易及“保障公平竞争”中的立场将更加强硬。为实现中期贸易目标，新版贸易政策报告在 6 个方面（如图 1 所示）提出了 16 项重点行动，其中针对环境相关的部分提出了 4 项重点行动。

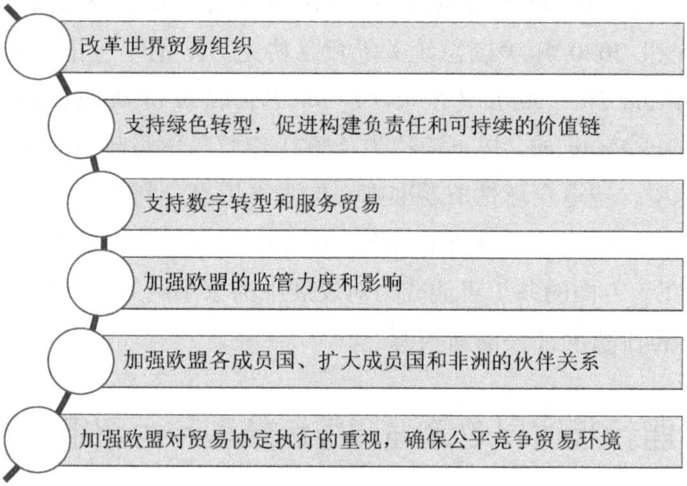

图 1　对实现欧盟中期目标至关重要的 6 个方面

同时，欧盟还将充分利用其他多边场合扩大其贸易政策的影响力，将在世界贸易组织、二十国集团等组织内呼吁贸易伙伴作出碳中和承诺，推动实现欧盟在应对气候变化、保护生物多样性、减少污染、促进循环经济等方面的目标，并拟将《巴黎协定》纳入未来所有贸易协定中，以共同应对气候变化而努力。

新版贸易政策还提出“开放式战略自主”（Open Strategic Autonomy）概念，强调欧盟将“自主做出贸易政策选择，加大开发和使用贸易‘政策工具’，以应对国际贸易挑战，保护欧盟企业免受国际及欧盟内部不公平贸易危害”。欧盟认为贸易政策可以通过提供一个稳定、基于规则的贸易框架，开放新的市场，使商品和服务进口来源多样化，制定获取关键供应的公平公正的合作框架，以提升贸易的韧性。例如，欧盟正在与合作伙伴一起寻求发起 WTO 的贸易与健康（Trade and Health）倡议。

二、美国《2021 年贸易政策议程》指出加强与盟友合作

美国发布的《2021 年贸易政策议程》指出，美国和国际社会面临严重的气候危机，拜登政府致力于在国内外采取行动，避免受气候日益变化所导致的具有破坏性和潜在的灾难性影响。美国将在双边和多边方面与其他国家合作，努力实现环境可持续性发展。作为整个政府努力的一部分，《2021 年贸易政策议程》包括强有力的环境标准的谈判与执行，这些环境标准对可持续气候途径也至关重要。这些环境标准包括促进对自然资源的可持续管理（如可持续渔业管理）、防止有害环境的做法（如非法采伐和野生动物贩运）。这种全面办法还可能要求利用美国强大的双边和多边贸易关系，实现其提高和改善全球气候变化的雄心。

拜登政府将与致力于应对气候变化的盟友、伙伴全面合作。包括探索并发展市场机制和监管办法，以改善全球贸易体系中的温室气体排放问题。根据适当的和和符合美国减少温室气体排放的国内方法，美国还将考虑碳边境调节机制，例如征收碳边境税等。此外，拜登政府将与盟国合作并共同制定协议，对未能履行现有贸易协定所规定的环境义务的贸易伙伴采取相关行动措施。

《2021 年贸易政策议程》还指出，将支持拜登政府关于到 2050 年或 2050 年之前减少温室气体排放和实现净零碳排放的全面愿景，即促进美国创新和发展低碳技术及气候韧性的可再生能源供应链。

三、欧美在战略性改革世贸组织（WTO）新规则问题上立场相近

欧盟在 2021 年 2 月 25 日发布的新版贸易政策文件中指出，其以支持欧盟经济复苏与转型，改善全球贸易规则，增强欧盟维护自身利益、权益的能力为核心

目标，并强调其要从多边/双边和自身等多层次、多维度加强影响，对欧盟内外传导绿色转型影响。这也意味着欧盟力求塑造的新贸易规则将对中欧双边贸易关系提出更高的绿色要求。

欧盟新版贸易政策文件中“将把世界贸易组织改革放在重要位置”“在世界贸易组织、二十国集团等组织内呼吁贸易伙伴作出承诺”“强调欧盟自主作出贸易政策选择”“保护欧盟企业免受国际及欧盟内部不公平贸易危害”等表述，在 2019 年 12 月发布的“欧洲绿色协议”（*European Green Deal*）中均可找到对应及相似的内容，与“欧洲绿色协议”中第 3 项“欧盟作为全球领袖”（The EU as a global leader）相呼应。特别是“欧洲绿色协议”第 3 项就提出了“绿色协议外交”（green deal diplomacy）的概念，强调欧盟将展开更有力的“绿色协议外交”，致力于说服并鼓励其他力量为促进更加可持续的发展承担各自的责任；通过树立可靠的榜样形象，连同后续的外交、贸易政策、发展支持和其他政策，欧盟可以成为绿色新政的有力倡导者；欧洲委员会和高级代表将与各成员国紧密合作，动员所有双边和多边外交渠道的力量，包括联合国、七国集团、二十国集团、世界贸易组织和其他相关国际论坛。

值得注意的是，欧盟新版贸易政策文件中还特别提到了“碳边境调节机制”和“有效执行《生物多样性公约》”。一方面，这凸显了欧盟可能通过改革 WTO 规则，使得 WTO 规则更符合自身利益，将碳边境调节税（carbon border tax）等手段在国际贸易规则中“合法化”；另一方面，欧盟还强调“调动所有双边和多边外交渠道”通过国际多边平台以影响国际规则。

此外，欧盟和美国在战略性改革 WTO 以及实行碳边境税问题上的共识可能演变为对发展中国家不利的新贸易保护主义手段。特别是在新版《欧盟—美国全球变革议程》中，欧盟提议重新建立密切和开放的跨大西洋伙伴关系。

四、关于中国应对欧美新贸易政策相关“环境关切”的工作建议

（一）加强中国碳市场建设的对外宣传工作

在国家层面，中国可以通过完善以碳市场为主的碳定价机制，为中国应对碳

边境调节机制及碳边境税政策提供更多支持。欧盟采取碳边境税的主要原因之一是担心其他国家气候政策宽松，导致碳泄漏；而中国已展开的全国碳市场和试点碳市场以及国内碳密集型行业也面临减排成本和转型压力，中欧、中美应该相互避免采用碳关税政策。中国正积极稳妥推进的全国碳排放权交易市场建设是利用市场机制控制和减少温室气体排放、推动绿色低碳发展的重大制度创新。建议在国际环境合作等多边场合中加强中国碳市场建设对外宣传工作，传播中国“2030 年前碳达峰、2060 年前碳中和”的目标及愿景。

（二）联合发展中国家捍卫“共同但有区别的责任”原则

在国际政治格局波诡云谲的形势下，应对气候变化是当前中欧合作、中美合作中具有显著共识的合作领域，但中国与欧美的立场仍有分歧。一是在减排力度上，中国自定的减排目标、力度和时间点以及在煤炭等化石能源淘汰问题上仍低于欧美对中国的期望；二是关于《巴黎协定》对“共同但有区别的责任”原则的阐释和运用各有侧重，欧美等强调“一致性”，中国及广大发展中国家则强调“区别性”；三是对于减排约束机制，中国主张遵循体现《巴黎协定》精神的“自下而上”自主贡献承诺机制，而欧美当前推行的碳边境税机制则明显倾向于采用具有强制力的约束机制。在应对合作中出现分歧时，中国仍应坚持捍卫“共同但有区别的责任”原则，坚持遵循《巴黎协定》设定的“自下而上”的自主贡献承诺机制，合理管控环境与气候领域的分歧、避免绿色贸易壁垒。

（三）把握欧美力推改革世贸组织（WTO）的契机，积极引导改革方向，谋划应对欧美在 WTO 规则中“合法化”碳边境税机制的挑战，加强与 WTO 关于塑造更加公平公正的国际贸易规则的合作

2021 年 3 月 1 日，恩戈齐•奥孔乔-伊维拉正式履新，成为世贸组织（WTO）首位非裔女性总干事。此前，WTO 经历了 WTO 争端解决机制上诉机构的停摆危机。该机制是缓和各国贸易摩擦最重要的工具之一，机制停摆会使已然严峻的世界贸易形势雪上加霜。欧美在目前阶段力推 WTO 改革以塑造对自身更加有利的国际贸易规则，需要发展中国家引起重视，维护公平公正的国际贸易规则。

中央党校相关学者研究指出，针对 WTO 改革，“中国应从‘人类命运共同体’

出发，重点做好两方面工作：一方面，把握改革方向，坚守 WTO‘自指定’基石原则[①]；另一方面，抓住改革诉求，推进贸易争端解决机制的改革。既要争取争端解决机制上诉机构在遴选与换届过程中的独立性与民主性，同时也要推进争端解决机制的上诉程序改革，提升贸易争端的处置效率”。

中国应抓住改革诉求，推进贸易争端解决机制的改革，建议加强相关部门与研究机构在围绕 WTO 改革问题上“如何应对大国博弈”的谋划，特别是针对欧美计划将碳边境税在 WTO 规则内“合法化”的应对措施，加强与 WTO 关于塑造更加公平公正的国际贸易规则的探讨。

（四）瞄准并积极对接未来贸易规则趋势，加强引导中国企业提升生产活动绿色标准和参与碳市场交易，降低未来我国对外经贸中的绿色壁垒影响

应对气候变化不是别人要我们做，而是我们自己要做。近年来，中国与欧盟在环境、气候等国际合作方面基础牢固、前景广阔。2020 年，中欧领导人决定建立中欧绿色合作伙伴关系，中欧双方决定建立环境与气候高层对话机制和数字领域高层对话机制等，不仅体现了中欧伙伴关系的全面化，更体现中欧在环境合作、绿色发展和全球治理领域合作的提质升级。推动中国企业“走出去”并参与到高质量“一带一路”建设中需切实践行高水平的环境、社会与治理（Environmental，Social and Governance）国际标准，瞄准并主动对接 WTO 改革后最新的国际贸易规则要求，努力营造良好的国际企业形象。

建议做好 WTO 改革趋势的跟踪，进一步通过政策导向和激励机制加强引导中国企业提升生产活动绿色标准及更多参与碳市场交易；进一步规范对企业碳排放数据的监测和核算，鼓励企业在生产活动中对碳减排量的信息披露；进一步扶

---

① 为更好地推进“美国优先”政策的实施，美国于 2019 年 1 月向 WTO 理事会提交了《一个无差别的 WTO——自指定的发展状态导致体制的边缘化》的改革诉求，并于 7 月 26 日发布关于“改革 WTO 发展中国家地位”的总统备忘录。美国“无差别 WTO”的改革诉求主要是针对“自指定”原则与“特殊与差别待遇”两个方面做出反应。即重定发展中国家身份划分标准，消除发展中国家在贸易谈判中具有“特殊与差别待遇”的身份优势，为其在国际贸易谈判中的利益诉求扫清障碍。“自指定”原则和“特殊与无差别待遇”均为世贸组织处理发展中国家发展问题时必须遵循的基本原则。

持和促进中小企业加快绿色生产技术转型，降低产品的能耗与碳排放。相关政府部门积极引导企业提升减排力度并防范“一带一路”经济活动中的环境风险，不仅有利于规避国际贸易中的绿色贸易壁垒，更是加快中国实现“2030年碳达峰”和“2060年碳中和”愿景及建设绿色“一带一路”的一项重要工作。

参考文献

董小君，郭贝贝，2021. 美国推进WTO贸易规则改革的双重路径选择及中国的应对[J]. 江苏行政学院学报，（1）：44-52.

宋亦明，于宏源，2018. 全球气候治理的中美合作领导结构：源起、搁浅与重铸[J]. 国际关系研究，（2）：137-152，158.

张彦著，郑军，2021. 从“扰沌”•“创造性毁灭”•“结构性权力”视角试析新冠疫情形势下全球环境治理格局变迁及有关建议[J]. 中国发展，21（2）：60-69.

European Commission，2021. Communication from the Commission to the European Parliament，the Council，the European Economic and Social Committee and the Committee of the Regions. Trade Policy Review-An Open，Sustainable and Assertive Trade Policy[R]. Brussels.

United States Trade Representative，2020. 2021 Trade Policy Agenda and 2020 Annual Report of the President of the United States on the Trade Agreements Program. US.

解析欧盟碳边境调节税：理论框架、机制设计与影响分析

于晓龙　刘　援

碳边境调节税（以下简称“碳边税”）是旨在消除“碳泄漏”风险的一种边境调节机制，主要包括：根据产品的碳含量，对进口产品征税，或对出口产品给予一定额度的免税或退税；以确保对消费者而言，在消费当地产品和进口产品时所面临的碳成本一致问题，从而避免“碳泄漏”的发生。其适用的税种主要为消费税、增值税等间接税。

2020 年 4 月，欧盟委员会公开了“欧洲绿色协议”重要措施——碳调节机制（Carbon Adjustment）的可行政策框架，提出了包含碳边税、涵盖进口产品的碳交易市场、碳价补偿关税等在内的一系列碳定价方案。区别于碳关税等其他碳调节措施，碳边税是一种国内税。以进出口产品的碳含量为依据征收，受到《关税与贸易总协定》（GATT）内容中的最惠国待遇原则、国民待遇原则限制，不能以歧视进口产品的方式实施。除能够对最终产品进行边境调节外，还可以对投入物进行边境调节，包括物理性和非物理性的投入，以及生产过程中使用的能源、燃料等。

欧盟推进碳边境调节的动机和功能定位主要有减少“碳泄漏”、改善国际贸易领域“不公平竞争”、鼓励贸易伙伴和欧盟成员国采取更积极的减排政策 3 个方面。但是目前，碳边税的理论意义大于实际意义，仍需进一步克服法律、技术和政策障碍的机制安排。关键难点在于平衡复杂性和效率，需要兼顾的要素众多，包括碳含量计算的便捷性、消除“碳泄漏”的有效性、信息和管理成本、税收水平等，还要避免与 WTO 规则冲突。

一、核心概念辨析

碳边税是旨在消除"碳泄漏"风险的一种边境调节税（border tax adjustment）。1970 年，《〈关税与贸易总协定〉（GATT）边境调节税工作组报告》引用了经济合作与发展组织（OECD）对边境调节税的定义①，将其正式纳入世贸组织（WTO）机制范畴内。适用的税种主要为间接税，如消费税、增值税、特许经营税、印花税、转让税、边境税等。

50 多年来，全球贸易和气候治理体系发生深刻变化，公众对气候变化问题有前所未有的紧迫感和关注度，在能源密集型行业"脱碳"和面向"碳中和"目标的绿色转型对经济和气候政策提出了更高的要求，"碳泄漏"及应对措施也随之升级。2020 年 4 月，欧盟委员会公开了"欧洲绿色协议"重要措施——碳调节机制的可行政策框架，包括边境调节和国内调节两方面。碳边税、涵盖进口产品的碳交易市场、碳价补偿关税等碳定价措施共同构成了欧盟碳边境调节机制（Carbon Border Adjustment Mechanism，CBAM）（如图 1 所示）。该机制计划在 2023 年前投入运行，预计每年可为欧盟带来 50 亿～140 亿欧元的额外收入。

其中，碳边税作为边境调节税在应对气候变化过程中延伸和拓展，碳边税包括两个方面：根据产品的碳含量，对进口产品征税，或对出口产品给予一定额度的免税或退税，以确保对消费者而言，消费当地产品和进口产品所面临的碳成本一致。

如图 1 所示，在欧盟碳调节机制中，有以下 4 组概念需要区分。

一是碳边税与碳边境调节机制。碳边税只是碳边境调节机制的可行方式之一。欧盟开展碳边境调节机制的完整计划还包括关税和排放权付费措施（如图 1 所示

---

① 根据 WTO 的 *BORDER TAX ADJUSTMENT: Note by the Secretariat, Group on Environmental Measures and International Trade*，边境调节税是指"全部或部分根据目的地原则实行的任何财政措施，即出口国将出口产品相较于在其本国市场上销售给消费者的国内同类产品，免除其承担的部分或全部税收；或进口国家参照其国内同类产品，对进口产品征收部分或全部税收"。这里的目的地原则与原产地原则有所区别，在原产地原则下，指定用于出口的产品应在国内市场上缴纳税款，而进口产品则免于缴纳任何税款，因为原产地应缴纳这些税款。

EU-ETS）。目前，欧盟还没有在调节税（tax）和调节费（levy）之间做出抉择，不排除最终选择碳边税之外的其他调节方案。

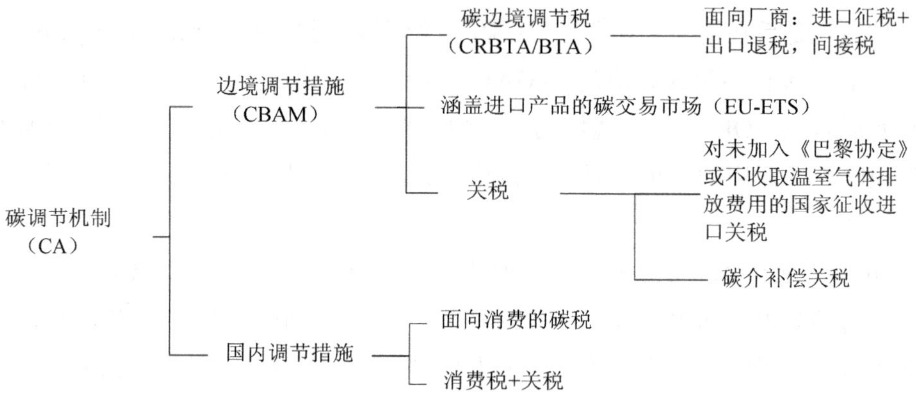

图 1　欧盟碳调节机制结构

二是碳边税与面向消费的碳税。二者的征税对象不同。消费碳税面向所有产品征收，无论是否为进口产品，同类产品的消费碳税都是一致的，最终都将转嫁给消费者。碳边税面向国外出口企业征收，可提升进口市场的竞争水平，使进口产品准入承压。

三是碳边税与碳价补偿关税。碳边税以进出口产品的碳含量为依据征收，如果税收机制设计合理，可避免和《关税与贸易总协定》（GATT）的非歧视原则发生冲突。碳价补偿关税以贸易产品出口国的碳价为依据征收，所以来自不同国家的进口产品适用的税率存在差异，极易违反 GATT 的非歧视原则。

四是消费碳税是对未采取气候行动的国家征收的进口关税。依据 GATT 第 20 条的环境例外原则，可以对在气候变化问题上“搭便车”的国家征收小额统一关税（如征收 2%的关税）。区别于碳税，统一关税的税率固定，与产品的碳含量无关，旨在鼓励各国加入“气候俱乐部”。但是与消费碳税相比，由于税率较低，统一关税对贸易体量较小的非俱乐部国家而言，缺乏影响力和约束力。

二、税种及税收适用范围

与边境调节税一样，碳边税不适用于直接税，只能对增值税、消费税等间接税进行调节。此外，尽管通常在国家的边境征收，但碳边税与关税并不相同。在世贸组织（WTO）的法律框架内，碳边税是一种国内税，是与关税相对应的专用概念。国内税既可在国内对国内产品征收，也可在边境对进出口产品征收。而关税通常只能在边境对进出口产品征收。二者分别适用不同的关贸总协定规则，国内税不能以歧视进口产品的方式实施，关税只要不超出其承诺的约束水平，可以对不同国家的产品实施不同征收政策。

此外，除能够对最终产品进行边境调节外，还可以对生产过程中使用但未被纳入最终产品的投入物进行边境调节。投入物包括物理性和非物理性的投入，以及生产过程中使用的能源、燃料等。关于“投入物的范围是否包括非物理性的能源和燃料”这一问题，在最初几十年中一直未有定论，直至1995年世贸组织（WTO）发布了《补贴与反补贴措施协议》（ASCM）才得以解决。GATT关于边境税调节的第2条2（a）款指出，不仅可以“针对……国内产品”，而且可以就“全部或部分制造或生产进口产品的物品（或投入物）”的间接税进行边境调节。ASCM附件2“关于生产过程中投入物消耗的准则”脚注61中进一步指出，“生产过程中消耗的投入物”不仅包括“生产过程中使用的物理性投入”，还包括“生产过程中使用的能源、燃料、油和催化剂等”。因此，不仅可以对最终产品税（如烟草制品的消费税）进行边境调节，也可以对投入物税（如用于生产香水的酒精税）进行边境调节，还可以对生产过程中消耗的燃料和能源税进行边境调节。

三、功能定位

欧盟推进碳边境调节的动机主要有3个方面：一是减少“碳泄漏”的发生；二是改善因差异化碳定价导致的国际贸易领域“不公平竞争”；三是鼓励贸易伙伴和欧盟成员国采取更积极的减排政策。

（一）减少“碳泄漏”的发生

“碳泄漏”主要包括直接泄漏和间接泄漏两种。在某些能源密集型行业，“碳泄漏”的风险可能更大。已有经济模型分析表明，碳边境调节可以将“碳泄漏”率降低至 1/3～1/2。

1. 直接泄漏

国内产业因要承担较高的碳成本，缺乏竞争优势，致使国内消费者转为消费进口产品，国内产业外迁到排放限制宽松（碳价为 0 或碳价较低）的国家。这种情况下，尽管迁出企业的竞争优势得以提升，但是其排放并未减少，只是实现了地理位置上的转移，运输过程中还会产生新的排放，对全球减排产生消极影响。

2. 间接泄漏

由于采取积极的气候政策，国内市场对化石能源的需求减少，国际市场中的化石能源价格下降。对于采取消极气候政策的国家而言，从经济效益的角度出发，其对化石能源的偏好将随之提升，化石能源消费和碳排放可能出现双增，即间接泄漏。

（二）改善因差异化碳定价导致的国际贸易领域“不公平竞争”

目前，全球性的碳市场尚未建立，统一碳价也尚未达成，国家自主和单边定价的模式没有改变。对于采取积极的气候政策、具备碳定价能力（如在国内征收碳税或建立碳排放交易市场等）的国家而言，由于本国出口的产品和厂商要承担更高的碳成本，在国际贸易竞争中处于劣势。相应地，外国进口产品和厂商由于无须承担或承担较低的碳成本，反而在价格上更具竞争力。欧盟主张，这将破坏碳定价机制的有效性，更重要的是会使本国厂商在国内市场和出口市场中失去竞争力。因此应积极采取碳边境调节措施，以保证贸易双方在公平竞争前提下，承担相同的排放成本（碳价或碳税），扭转贸易劣势地位，同时可进一步避免本国产业外流，保留国内就业机会。

（三）鼓励贸易伙伴和欧盟成员国采取更加积极的减排政策

欧盟作为全球气候治理的重要一员，在气候变化问题上始终坚持积极立场，并于 2019 年率先提出了到 2050 年实现“碳中和”的目标。但欧盟自身对全球温室气体减排的贡献极为有限，若主要碳排放国不愿采取同样积极的减排控碳政策，则无法产生真正有意义的影响。此外，根据激励相容理论，在气候治理进程中，最后一个实施气候政策的国家将从“气候不作为”中受益，导致欧盟重塑气候治理领导力的成本增加。因此欧盟希望能够通过碳边境调节对出口国施压，使其主动收紧气候政策，来减轻出口部门压力。同时欧盟也希望通过改善贸易市场竞争的公平性，提高欧盟各成员国生产商对碳定价政策的接受度，进一步提升政策效果和影响力。

四、税基、税率与效率的冲突不可避免

尽管有关碳边境调节的研究已经开展了几十年，但目前，这一机制的理论意义远大于实际意义，因为缺少能够克服法律、技术和政策阻碍的条件。实践中也鲜有具参考价值的经验和案例。机制设计问题已成为制约碳边税落地的重要阻碍，从这个角度出发，欧盟的《绿色欧洲协议》是碳边税最接近实践的一次尝试，尤其需要关注。

目前，欧盟内部和其他国际机构的专家学者普遍认为，机制设计的难点是在复杂性和效率之间进行权衡，最关键的两个要素是税基和税率。

（一）税基与效率的冲突

（1）税基的复杂程度

税基从国内、国外两个角度，分为最大、最小、平均 3 个层级；针对每一种进口产品，最多可能需要计算 6 种税基下的碳含量。

国内生产商的最大、最小、平均排放水平；

国外生产商的最大、最小、平均排放水平。

（2）碳含量的计算

碳含量的计算包括狭义、广义、中性 3 种口径。

狭义：直接排放。

广义：供应链或生命周期中的所有排放。

中性：电力生产中的直接排放和主要间接排放，这是高风险行业碳成本的主要来源，也是欧盟碳交易适用的计算口径。因此，欧盟内部的碳含量是容易计算的。但进口产品的碳含量计算将会非常复杂，需要在企业激励、行业激励、数据收集、合规成本和世贸组织（WTO）义务之间做出权衡。

（3）税基与效率的冲突

若欧盟决定根据实际碳含量（或核证碳量）计算碳边税税基，将面临以下复杂问题。

第一，在执行层面，针对全部厂商的具体产品计算碳含量是极为复杂的过程，尤其是在全球化背景下，价值链日趋复杂，征收碳边税的行政效率必然受到影响，成本也会持续飙升。第二，尽管税基设计涵盖尽可能多的温室气体和商品种类，能够有效消除“碳泄漏”风险，但是容易遭到来自贸易伙伴的申诉或报复性征税。第三，使用地区或行业平均排放水平替代国别排放水平，可以降低税基计算的复杂程度，提升效率，且这种方式与世贸组织（WTO）规则的兼容性更高，但不能有效避免“碳泄漏”。第四，将碳含量作为征税基础，可能导致“排放转移”（reshuffling of emissions），造成新的“碳泄漏”。例如，企业可以向欧盟销售碳含量更低的产品，同时将碳含量较高的产品销售给没有进行碳边境调节的国家，这不仅导致这些国家的碳排放增加，也在全球范围内形成了更广泛意义上的“贸易碳歧视”。

（二）税率与效率的冲突

合理税基的设定已经十分困难。设置税基后，还需要确定碳边境调节的水平（税率）。

理论上，碳边税的合理税率应恰好弥补国内“同类产品”与进口产品碳价间的差额。但这种完全有效的定价需承担极高的信息和管理成本。此外，由于欧盟地区贸易体量大，任何基于成本调节的政策都具有突出的规模效应，长期来看这将引发新的波动，市场的不确定性也将进一步加剧。

在理想情况下，欧盟将向出口国征税，消除直接泄漏风险，消费者对碳密集产品的进口需求将降低。但如果税率较高，就会偏离这一预期。由于欧盟市场的准入范围紧缩，外国出口商可能会将出口价格压低以争取竞争优势，导致进口碳密集型产品的消费不降反升，调节措施低效或失灵。

此外，碳边税极易与GATT规则发生冲突，进而在世贸组织（WTO）范围内遇到挑战。为避免这一问题，欧盟可以将碳边税的税率在理论值基础上下调一定比例，一般为20%，但同时也必须在消除“碳泄漏”的效率方面做出让步，才能解决部分竞争问题。

五、与世贸组织（WTO）规则冲突的可调和性

除税基与税率外，碳边税落地面临的另一个关键挑战是实现与世贸组织（WTO）规则的兼容。目前，欧盟和部分法律学者已经提出了能够化解碳边税与世贸组织（WTO）规则冲突的解决方案，并对碳边税在多边主义框架下的作用予以了充分肯定。其可能的路径如下。

（一）关于关税约束原则

GATT第2条要求缔约国约束自己的最高进口税或关税税率，不得超过减让表上规定的关税或其他费用的税率，并应本着互惠互利的精神，不断地减让和降低关税水平。如果欧盟通过关税对进口钢铁进行碳边境调节，就会违反这一原则。但是，GATT允许缔约国对进口产品征收不超过国内“同类产品”税负水平的国内税。因此可以通过对国内税进行上述范围内的调节来避免违反关税约束原则。

（二）关于国民待遇原则

根据GATT第2条，缔约国不得在法律上或事实上造成对进口“同类产品”的歧视。例如，欧盟以中国向欧盟出口的钢材比欧盟生产的钢材碳含量更高或污染更严重为由，对中国钢材征收碳边税，就可能被认定存在事实上的歧视。但是借助GATT第20条规定的健康和环境例外情况，欧盟可能对以上歧视进行辩解，避免被判违规。此外，欧盟还可以通过将碳边税的征税对象从“最终产品”转变为能源投入来回避GATT对“同类产品”的保护。因为世贸组织（WTO）既往的裁决认定，产品是否“同类”取决于它们在市场上的经济竞争关系。从这个角度出发，能源都是同类产品，所以不会造成事实上的歧视。

（三）关于最惠国待遇原则

根据 GATT 第 1 条、第 13 条规定，无论碳边税机制最终如何设计，都不应该区别对待从不同缔约国进口的“同类产品”（如从加拿大进口铝和从美国进口铝都不应受到区别对待）。但是结合欧盟现已对外公开的调节政策，如果欧盟成员国已经对本国产品进行碳定价，欧盟会根据进口产品已支付的碳价对碳边税的税率进行调节，极易构成对不同进口国的区别对待。另一种情景是欧盟对最不发达国家、《巴黎协定》缔约方或与欧盟有着同样积极气候政策的国家免征碳边税。由于这种区分是基于原产地的，大概率也会违反最惠国原则。但是，即使以上两种区别对待发生，欧盟同样可以基于 GATT 第 20 条做出辩解，避免被判违规。

综上所述，只有当以进口产品碳含量为依据征收碳边税时，才能满足 GATT 规则。但是，即使欧盟碳边税在法律或实事上违反上述 3 项原则，只要“没有在情形相同的国家之间，构成任意或不合理歧视的手段或构成对国际贸易的变相限制”，就可以依据 GATT 第 20 条（b）款[①]和（g）款[②]来进行辩解[③]。世贸组织（WTO）上诉机构将对碳边税的合规性做出最终裁决。但从以往案件来看，世贸组织（WTO）上诉机构对环境问题的关注和认同程度已有大幅提高，增加了碳边税在世贸组织（WTO）争端解决过程中获得认可的可能性。

---

①（b）款内容：为保护人类、动物或植物的生命或健康所必需的措施。

②（g）款内容：与保护可用尽的自然资源有关的措施，如此类措施与限制国内生产或消费一同实施。

③ 对应的辩解要点包括：a. 气候变化作为跨国界的全球性问题，对人类的影响是普遍存在的。因此，采取基于气候关切的碳边境调节政策与保护人类生命健康高度相关，完全适用 GATT 第 20 条内容。b. 即使根据原产国已经支付的碳成本校准边界调节可能涉及某种形式的歧视，但可以说这是合理的，而不是任意的，因为这是基于环境的考虑。c. 免除最不发达国家的排放可能是歧视性的，但从环境角度来看可能是合理的，最不发达国家的排放量历来远远低于发达国家，这与“共同但有区别的责任”也是一致的。d. 碳边税之下，受到不同待遇的国家，本质上是“条件不同”的国家，因此不存在歧视。

六、对贸易的影响分析

（一）行业影响视角

碳边税将直接或间接地影响到所有依赖欧盟进口的工业部门，并将随价值链的传播影响整个商业系统的采购决策。其对工业部门的影响程度主要由两个因素决定：碳强度和贸易强度[①]。首先，受到直接影响的是碳排放强度和贸易强度都很高的行业，如焦炭、成品油、采矿和采石业等。其次，是碳排放强度和贸易强度较高的行业，如生产化工产品、基本金属、纸制品和非金属矿物制品等的行业。纺织、服装、医药等碳密集型、投入较高的消费行业也将受到间接影响。

关于碳边税的行业应用“起点”，目前还未最终确定。自 2009 年 12 月起，欧盟委员会已发布 3 期“存在严重‘碳泄漏’风险的行业和子行业清单”；在列举的 63 个行业中，2/3 的行业与材料、能源和原材料生产加工有关。根据 2020 年欧盟碳边税提案，计划选取水泥行业或钢铁行业作为碳边税的试点行业，再逐渐扩展到其他行业。英国组织 Ember 则认为，应首先在电力行业试点征收碳边税，因为电力行业的“碳泄漏”问题最为明显[②]，调节效果将立竿见影，这样一来欧盟与欧盟周边国家都要优先考虑可再生能源。欧盟电力工业联盟（Eurelectric）也认为，与无需支付碳排放成本的地区相比，欧盟的电价更高，对电力部门进行调节可能引发的贸易冲突更小，相比较而言电力行业更适合作为试点。

（二）企业影响视角

欧盟碳边税对全球企业的影响是普遍存在的，但影响的方式不同。对于某些企业而言，碳边税将带来紧迫的战略挑战；对于另外一些企业而言，碳边税也可

---

① 根据第 2003/87/EC 号指令第 10b 条，“碳泄漏”指标的计算方法是该部门与第三国的贸易强度乘以该部门的排放强度。碳强度反映了各个部门的温室气体排放水平。贸易强度反映了商品在贸易系统中交易的频次，大宗的、接近最终产品的商品（如金属制品和重型机械）的贸易强度就低于原材料的贸易强度。

② 根据该组织 2020 年 1 月发布的研究报告，欧盟成员国的电力净进口量已经从 2017 年的 3 TW·h 增加到了 2019 年的 21 TW·h，均来自碳价格为零或接近于零的国家。

能成为一个重要的竞争机遇。

对欧出口企业可能会在贸易竞争中遭遇打击。一些欧盟企业由于已经消化了环保技术升级带来的高资本投入，并且在理解和管理其碳足迹方面拥有丰富经验，可能会成为对欧出口企业的强大竞争对手。

碳边境税旨在对来自碳排放限制相对宽松的国家和地区的进口商品征税，以落实欧盟气候目标。过去看来似乎增加了企业的成本，如今却会转化为一种战略优势。与碳足迹较小的欧盟公司或外国竞争对手相比，碳密集型产品生产企业将处于非常不利的地位。欧盟以外的企业必须迅速建立起适应碳边境调节机制和碳核算需求的能力，以保持在欧洲的竞争力。这对于新兴市场的企业而言尤其重要，以往这些企业在劳动成本和环境合规成本方面的优势将被碳边税抵消。

（三）经济效益视角

预计短期内，碳密集型原料供应企业的利润将首先受到碳边税的影响而下降。波士顿咨询公司对下降的幅度进行了简单测算，结果印证了这一观点。假设每吨 CO_2 当量的碳边税为 30 美元[①]，首先根据碳排放强度和欧盟进口规模对半成品黄金、烟煤、机械和化学木浆、原油和轧钢产品等 5 种碳密集型原料的税收总额进行预测，进一步结合行业内企业利润水平反推税收对原材料进口行业平均利润的影响（如表 1 所示）。这 5 种原料供应部门的行业平均利润水平有不同程度下降，机械和化学木浆、轧钢产品及原油降幅最为显著。这一变化也将影响欧盟造纸业、汽车制造业、机械设备制造业、建筑业、化工业和塑料业等下游行业企业，使其供应链脱碳的压力更为紧迫，不排除这些企业可能转而寻找更具碳效率的欧盟内部或其他外部供应商，致使欧盟贸易结构发生变化。

表 1　碳边税对碳密集型原料供应部门经济效益的影响

原料名称	2018 年欧盟进口总额/亿美元	预计税收收入/亿美元	行业平均利润变化/%
半成品黄金	320	4.5～9.5	−10
烟煤	160	1～2	−10

① 这与目前欧盟 ETS 水平基本一致。每吨 CO_2 的实际税收将根据市场动态而波动，一些分析师预测在几年内，一些产品的价格可能会大幅上升。

原料名称	2018 年欧盟进口总额/亿美元	预计税收收入/亿美元	行业平均利润变化/%
机械和化学木浆	2	0.17～0.2	−65
原油	2 800	2～7	−20～−10
轧钢产品	200	2.5～13	−40

七、总结与建议

碳边境调节机制的贸易壁垒正在弱化。20 多年前，气候学界和贸易共同体间的互动还很少。气候学界不希望气候受到贸易的限制和阻碍；贸易共同体则担心气候变化政策可能给自由贸易带来伤害。但《巴黎协定》签署后，气候治理领域的范式发生了新的变化，贸易共同体对气候变化的关注度和敏感度日益增强，包括能源密集型产业在内的所有产业部门的“脱碳”获得高度重视，对贸易与气候关系的认识也开始向“相互促进”的方向转变。乌尔苏拉·冯德莱恩（Ursula von Der Leyen）在竞选本届欧盟委员会主席时承诺，对欧盟实施碳边境调节报以坚定的信心。尽管在欧盟碳边境调节机制提出之初，相关评论普遍认为该提议不具备政策上的合规性和可操作性，但在欧盟发布了进一步细则之后，有关税基和税率选择、适用对象比较分析、计算依据和核算方法等政策设计层面的建议就打消了此前的质疑。此外，围绕世贸组织（WTO）规则兼容性这一长期阻碍碳边税落地的核心问题，欧盟和部分法律学者已经给出了基于法理和实践的应对策略。加之欧美在碳边境税调节问题上有意协商和沟通，中国还需积极面对复杂的贸易和气候治理方面的压力。

参考资料

龙英锋，2014. 全球气候变化背景下 WTO 碳税边境调整条款的解读[J]. 税务研究，(7)：79-85.

欧盟碳边境调节税恐面临阻力，中外对话. https：// chinadialogue.net/ zh/1/66850/.

世界银行，2020. 碳定价机制发展现状与未来趋势 2020[R].

WTO. Agreement on Subsidies and Countervailing Measures（ASCM）[R/OL]. https：//www.wto.org/english/docs_e/legal_e/24-scm.doc.

Agreement on Subsidies and Countervailing Measures（ASCM），WTO，https：//www.wto.org/

english/docs_e/legal_e/24-scm.doc.

Baker J A，Shultz G P，2020. The Bipartisan Climate Roadmap[R]. Washington D.C.：Climate Leadership Council.

Böhringer C，Bye B，Fæhn T，et al.，2015. Targeted carbon tariffs-Carbon leakage and welfare effects[J]. ZenTra Working Papers in Transnational Studies.

Bullock D A C，2017. Combating Climate Recalcitrance：Carbon-Related Border Tax Adjustments in a New Era of Global Climate Governance[J]. Washington International Law Journal，（27）：609.

California Code of Regulations. § 95802. Definitions. 17 CA ADC § 95802. https：//oal.ca.gov/publications/ccr/.

CARB，2011. "Article 5：California Cap on Greenhouse Gas Emissions，California Code of Regulations."

Climate Action Tracker，2020. Global update：Paris Agreement turning point.

Climate Home News. As US renews climate relations with EU and China，carbon pricing raises tensions. https：//www.climatechangenews.com/2021/01/25/us-renews-climate-relations-eu-china-carbon-pricing-raises-tensions/.

Condon and Ignaciuk，2013. Border Carbon Adjustment and International Trade：A Literature Review. OECD Trade and Environment Working Papers.

Cullenward D，2015. How California's carbon market actually works[J]. Bulletin of the Atomic Scientists，70（5）：35-44.

Department of Ecology，State of Washington. Clean Air Rule. https：//ecology.wa.gov/Air-Climate/Climate-change/Greenhouse-gases/Reducing-greenhouse-gases/Clean-Air-Rule.

Galloway A，Crowe D，2021. Australia 'dead against' climate tariffs，declares Taylor[N]. The Sydney Morning Herald. https：//www.smh.com.au/politics/federal/australia-dead-against-climate-tariffs-declares-taylor-20210211-p571iq.html.

Green M，2020. U.S. Could Adopt Carbon Tax under a Biden Presidency，Ex-Fed Chair Yellen Says[N]. Reuters/US News.

Gundlach J，Minsk R，Kaufman N，2019. Interactions between a Federal Carbon Tax and other Climate Policies[R]. Center on Global Energy Policy，SIPA，Columbia University.

H.R.2454 - American Clean Energy and Security Act of 2009. 111th Congress（2009-2010）. https：

//www.congress.gov/bill/111th-congress/house-bill/2454.

Hillman，2013. Changing Climate for Carbon Taxes：Who's Afraid of the WTO? The German Marshall Fund of the US. Climate and Energy Paper Series；Burniaux，Chateau and Duval. Is There A Case For Carbon-Based Border Tax Adjustment? An Applied General Equilibrium Analysis. OECD Economics Department Working Papers No. 794，ECO/WKP（2010）50.

How an EU Carbon Border Tax Could Jolt World Trade，BCG，https：//www.bcg.com/ publications/ 2020/how-an-eu-carbon-border-tax-could-jolt-world-trade. https：//www.nikkei. com/article/ DGKKZO69029070Q1A210C2EE8000/? unlock=1

Jensen M F，2009. Leveling or Mining the Playing Field? Implementation Problems of Carbon-Motivated Border Adjustment Taxes[R]. The World Bank.

Kortum and Weisbach. 2016. Border Adjustments for Carbon Emissions：Basic Concepts and Design. Resources for the Future Discussion Paper.

Kortum S，Weisbach D，2016. Border Adjustments for Carbon Emissions：Basic Concepts and Design[R]. Washington D.C.：Resources for the Future Discussion Paper.

Lawder D，2021. Biden administration to consider carbon border tax as part of trade agenda：USTR.

Lessons Learned from Three Decades of Experience with Cap-and-Trade. https：//www.rff.org/ publications/working-papers/lessons-learned-from-three-decades-of-experience-with-cap-and-trade/; CARB. Program Linkage. https：//ww2.arb.ca.gov/our-work/programs/cap-and-trade- program/ program-linkage.

Messerlin P A，2010. Climate change and trade policy：From mutual destruction to mutual support[J]. World Bank Policy Research Working Paper.

Morgan S，2020. Moscow cries foul over EU's planned carbon border tax[N]. Euractiv. https：//www. euractiv.com/section/economy-jobs/news/moscow-cries-foul-over-eus-planned-carbon-border-tax/.

Morton A，2012. Carbon tariffs：what are they and what could they mean for Australia? [N]. The Guardian. https：//www.theguardian.com/environment/2021/feb/13/carbon-tariffs-what-are-they-and-what-could-they-mean-for-australia.

Pauer S U，2018. Including electricity imports in California's cap-and-trade program：A case study of a border carbon adjustment in practice[J]. The Electricity Journal，31（10）：39-45.

Perkins Coie LLP，2020. Washington Supreme Court Invalidates Indirect Emitter Portions of the

Clean Air Rule[N]. https：//www.perkinscoie.com/en/news-insights/washington-supreme-court-invalidates-indirect-emitter-portions-of-the-clean-air-rule.html.

Possible carbon adjustment policies：An overview，Policy Department for External Relations，DG for External Policies of the Union，https：//www.europarl.europa.eu/RegData/etudes/BRIE/2020/603500/EXPO_BRI（2020）603500_EN.pdf.

Review of Potential for Resource Shuffling in the Electricity Sector，California Air Resources Board，https：//ww2.arb.ca.gov/sites/default/files/classic//cc/capandtrade/guidance/resource_shuffling_faq.pdf.

RGGI. Elements of RGGI. https：//www.rggi.org/program-overview-and-design/elements.

Shankleman J，2021. UK's Boris Johnson Considers G-7 Bid on Green Border Levies[N]. Bloomberg Green. https：//www.bloomberg.com/news/articles/2021-02-04/u-k-s-boris-johnson-considers-g-7-bid-on-green-border-levies.

The Biden Plan for a Clean Energy Revolution and Environmental Justice. https：//joebiden.com/climate-plan/.

The Biden Plan to Build a Modern，Sustainable Infrastructure and an Equitable Clean Energy Future. https：//joebiden.com/clean-energy/.

The New York Times，2017. Washington Initiative 732-Create Carbon Emission Tax-Results：Rejected. https：//www.nytimes.com/elections/2016/results/washington-ballot-measure-732-create-carbon-emission-tax.

The White House，2021. Executive Order on Protecting Public Health and the Environment and Restoring Science to Tackle the Climate Crisis.

The World Bank，2014. What Does It Mean to Put a Price on Carbon？[N]. https：//www.worldbank.org/en/news/feature/2014/06/11/what-does-it-mean-to-put-a-price-on-carbon.

Trade Related Aspects of a Carbon Border Adjustment Mechanism. A Legal Assessment Policy Department for External Relations，DG for External Policies of the Union，https：//www.europarl.europa.eu/cmsdata/210514/EXPO_BRI（2020）603502_EN.pdf.

Trade Related Aspects of a Carbon Border Adjustment Mechanism. A Legal Assessment Policy Department for External Relations，DG for External Policies of the Union，https：//www.europarl.europa.eu/cmsdata/210514/EXPO_BRI（2020）603502_EN.pdf.

US EPA. Clean Air Act Overview.

USEIA. Coal explained：coal imports and exports. https：//www.eia.gov/energyexplained/coal/imports-and-exports.php.

USTR，2021. 2021 Trade Policy Agenda and 2020 Annual Report[R].

WTO Group on Environmental Measures and International Trade. Border tax adjustment（Note by the Secretariat）. TRE/W/20. 1994.

北美自贸区区域环境治理特点

程天金　韩　絮　廖恺玲俐

一、背景

1992 年 8 月 12 日，美国、加拿大、墨西哥三国签署了《北美自由贸易协定》（The North American Free Trade Agreement，NAFTA），该协定于 1994 年 1 月 1 日正式生效；三国还签署了附属的《北美环境合作协定》（North American Agreement on Environmental Cooperation，NAAEC）；构成了世界上第一个发展中国家与发达国家签署的，且在贸易协定中引入附属环境协定来协调与贸易有关的环境问题的区域贸易协定（李寿平，2005），其创新性地将自由贸易与环境保护统筹考虑的模式引人关注［2018 年 11 月 30 日，美国、加拿大、墨西哥签署了名为《美国-墨西哥-加拿大协定》（The United States-Mexico-Canada Agreement，USMCA）的新协定，新协定于 2020 年 7 月 1 日正式生效，新协定不在本文讨论之列］。

二、NAFTA 中有关环境保护的内容及 NAAEC 主要内容

（一）NAFTA 中有关环境保护的内容

NAFTA 全篇包括 8 部分 22 章 295 项条款，其中第 7 章、第 9 章、第 11 章、第 20 章、第 21 章中部分条款涉及环境保护方面的内容。NAFTA 中第 7 章、第 9 章的基本理念是承认贸易自由化不应损害合法的环境目标，但应确保本国产品和进口产品之间的无差别待遇以及避免对贸易造成不必要的障碍。第 7 章“卫生与检疫措施”中第 712 条、第 713 条、第 715 条规定成员国可以实施必要健康保护措

施（包括比国际标准更严格的措施）来保护本国的公民、动物或植物，且标准必须建立在科学原则的基础上，并在发现没有科学基础时废除该标准（秦天宝，2002）。此外，需要综合考虑社会、政治和经济等多方面因素的影响，通过风险评估确定合适的保护标准和水平。第9章“与标准有关的措施”中第904条、第905条、第907条也规定了类似的限制条件，提出每个成员国可以建立适合本国国情的健康、安全和环境保护标准，并允许成员国采取国际标准甚至更为严格的环境标准（李寿平，2005），但成员国间任何标准的协调都不能降低对人类、动植物生命或健康的保护水平。

第11章“投资”明确各成员国保证各自的法规高度保护好环境，禁止任何成员国降低环境标准或放松环境法规的有效实施来维持或吸引外国投资，同时第21章“豁免”中第2101条规定允许实施贸易限制措施来保护稀有自然资源，并保护人类、动物或植物。此外，NAFTA还规定了专门的争端解决机制来解决成员国之间因环境和贸易问题引起的争端，如第20章第2005条规定此类争端既可以选择NAFTA争端解决程序来解决，也可以选择世贸组织（WTO）争端解决程序来解决。

（二）NAAEC主要内容

NAAEC是对NAFTA环境条款的补充，共7部分51项条款，其宗旨即是通过环境和经济政策的合作以提高环境保护水平。NAAEC从内容上可分为四类，包括总括性条款——目标和成员国义务（第1～7条），机制性条款——环境合作委员会运行机制（第8～19条），与实施有关的条款——合作与信息提供（第20～21条）及争端解决和其他程序性条款（第22～51条）。

1. 总括性条款——目标和成员国义务

NAAEC第1条明确了其主要目标，包括通过各成员国之间的合作，促进环境的保护和改善，促进可持续发展；支持NAFTA环境目标的实现，避免产生新的贸易壁垒；加强环境法规的制定和实践方面的合作；增进环境法律法规和政策制定的透明度和公众参与度。

为实现上述目标，NAAEC第2～7条设定了成员国的相关义务，主要包括：各成员国承诺定期编制和公布环境状况报告，完善并有效执行环境法规，公开相关信息等；各成员国都有建立国内环境保护政策和优先事项的权利，并据此制定和不断完善其环境法律法规，确保其法律法规能够提供高水平的环境保护；各成员国应确保其有关的法律法规、行政裁决等迅速公布或以其他方式提供，使有利害关系的个人和各成员国能够获取这些信息；各成员国应通过适当的政府行动来有效地实施环境法律和法规，以实现提供高水平的环境保护的目标，并确保其司法、准司法和行政程序的公平性、公开性和适当性，可用于制裁或补救违反其环境法规的行为。

2. 机制性条款——环境合作委员会运行机制

为促进三国之间的环境合作，NAAEC 建立了一个有效的管理机构——环境合作委员会（CEC），其专门负责地区环境事务，通过与 NAFTA 的自由贸易委员会（FTC）的合作来解决成员国之间与环境有关的贸易问题（Aguilar et al.，2011）。环境合作委员会（CEC）由部长理事会、秘书处、联合公共咨询委员会（JPAC）组成，NAAEC 中第 8～19 条规定了环境合作委员会（CEC）各部门的结构、程序和职能分工等。

3. 与实施有关的条款——合作与信息提供

NAAEC 第 20 条和第 21 条规定了环境合作、提供信息和协商等事项。各成员国应尽一切努力，通过合作和协商解决可能影响 NAAEC 实施的任何事项。

4. 争端解决和其他程序性条款

NAAEC 第 22～51 条规定了成员国对协定的解释和适用问题产生争端的解决方式、资金分担、信息保护及协定生效、修正、撤回、加入、核准文本等相关内容。

三、北美自贸区区域环境治理主要特点

（一）开创了“贸易协定+环境协定”这一区域环境制度化治理新模式（北美模式）

NAFTA 是世界上第一个不同于以往具有殖民性质的发达国家与发展中国家之间的贸易协定（佘群芝，2001），不仅对贸易与环境的关系作出了相应的条款规定，而且三国签署了一个独特的、高度创新的附属协定，即 NAAEC。NAFTA 和

NAAEC 共同构成了区域环境治理的基础，统筹考虑了贸易与环境保护问题，构建了“贸易协定+环境协定”这一区域环境治理全新模式。“NAFTA+NAAEC”（以下统称《协定》）是当今世界上第一个将保护环境和促进可持续发展内容写入区域贸易协定并付诸实践的国际贸易安排，无论是有关环境条款的拟定、环境机构的设置、环保资金的安排等制度设计方面，还是这些制度设计在条约生效后的贯彻实施方面，都全面强化了环境保护要求，同时协助发展中国家与发达国家在贸易与环境问题上形成了一种建设性的关系，提出了环境和贸易可能相互促进的思想，为区域内解决贸易与环境之间的冲突、协调南北关系开辟了新途径。

（二）构筑了尊重主权、目标明确、约束有限、合作宽泛为主要内容的区域环境治理格局

一是尊重主权。NAFTA 直接规定了一套协调贸易与环境关系的规则，第 9 章则进一步明确各国有决定本国环境保护水平的权利，肯定每个国家都有权选择各自认为合适的环境保护水平及其相应的环境法规，成员国无权干涉他国的环境标准。作为附属协定，NAAEC 保持与 NAFTA 内容的一致，成员国之间没有建立起任何实质性的跨国环境标准，进一步明确“每个国家有建立自己的国内环境保护标准的权利”。

二是目标明确。NAFTA 将贸易自由化的目标置于可持续发展的大目标中，成员国为了环境保护，可以采取贸易限制措施。NAAEC 设定了一系列目标，包括促进三国的环境保护与环境改善，加强环境法规的制定及贯彻执行方面的合作，增强合作以更好地提高环境水平，避免以环保为借口的贸易保护和新的贸易壁垒，并增加透明度及公众的参与度等。为此，成员国皆承诺改善环境法规、有效执行环境法规、报告环境状况、公开有关信息。

三是约束有限。《协定》对各成员国责任和义务作了有限约束，具体包括以下 4 方面内容：第一，各方应确保其法律法规对环境作出高水平的保护，并应努力继续改进这些法律法规；第二，各成员国应通过适当的政府行动以有效地执行其环境法律法规，每年都要根据《协定》提交一份各自履行其执法义务的报告；第三，任何国家不得通过降低环境标准来吸引投资；第四，各成员国应考虑禁止向他国领土出口在他国领土内禁止使用的产品，如杀虫剂或有毒物质。

四是合作宽泛。《协定》的框架设计为三国在环境领域奠定了合作的主基调，如果说《协定》在环境责任和义务方面对三国是非常“有限”的约束的话，那么对三国在环境问题上的“合作”则几乎没有限制，NAAEC 授权允许 CEC 处理自贸区内任何地方的几乎任何环境问题。

（三）建立了以 CEC 为核心、以多年行动计划为抓手、以资金投入为保障的运行机制

一是建立运行机构。为保障自贸区环境目标的实现，根据 NAAEC 的规定，建立了环境合作委员会（CEC）保障《协定》相关内容的落实。CEC 由理事会、秘书处、联合公共咨询委员会（JPAC）构成。理事会由三国内阁级环境官员组成，是 CEC 的理事机构，每年至少召开一次会议，负责制定 CEC 的总体方向、预算等，并根据目标监督项目的进展情况。秘书处由执行主任领导，包括 50 多名专业人员和支持人员，向理事会提供行政、技术和业务支持，以及理事会可能需要的其他支持；根据理事会的指示，向理事会提交委员会的年度方案和预算，并负责相关投诉的处理工作。JPAC 由 15 名公民（每个国家 5 名）组成，就 NAAEC 范围内的任何事项向理事会提供咨询意见，并作为秘书处的信息来源，保障公众积极参与各项行动并提高工作透明度（CEC，2005）。此外，加拿大和美国都设立了国家咨询委员会，墨西哥设立了政府咨询委员会，就 NAAEC 的实施和 CEC 的运作向相关政府提供具体的建议。

二是制订行动计划。为更好落实《协定》目标，CEC 组织制订了三年行动计划（2005 年以前）及五年行动计划（自 2005 年始），计划中明确工作的重点领域，确立各重点领域战略目标，以及实现目标的一系列项目计划或举措。

三是明确资金保障。在 NAAEC 中，明确各成员国每年出资同等金额［根据 CEC 年度预算，各自资助 300 万美元（Allen，2012）］用于《协定》的实施。另外，设立了北美环境合作基金，为公众关注的环境问题的调查研究提供专项资助，任何公民可因环境保护提出申请并获得资助和奖励，落实公民环境参与权得以实施的经费保障。

（四）创建了独特的书面投诉监督方式

北美自贸区环境治理的最特别之处在于创建了投诉机制，相关条款规定允许成员国的团体和个人直接向 CEC 秘书处提交书面投诉（SEM 制度），可指控某个成员国未能有效实施其环保法规，秘书处进行审查并认为符合一定条件后，可以将投诉转给有关成员国并要求答复。在理事会考虑投诉和成员国的答复后，若 2/3 以上多数同意，可以要求秘书处提出关于该项争议的事实记录（邓宁，2011），并向公众公开，形成投诉—答复—事实记录—公开这一独特的监督机制。这一制度虽然对被控国没有强制力，投诉结果不能强制被控国改正，但通过公众向国家施压可以起到一定的督促作用，且对其他成员国也可以起到警示作用，防止类似事件发生。

（五）设计了多种公众参与渠道

《协定》大力倡导公众参与，设计了多种公众参与渠道。NAAEC 规定理事会会议每年必须向公众开放至少一次，至少在一次会议中组织三国环境部长与公众对话，回答与环境保护有关的问题，接受与环境保护有关的投诉，所有理事会决定都必须向公众宣布（CEC，1999）。JPAC 则是直接促进公众参与环境保护的机构。JPAC 在三个国家每年举行公开的咨询会议，由来自非政府组织、工商界、学术界及政府部门的各方代表参加，并向理事会提供咨询会议的总结报告。CEC 创造条件为公众服务，通过发行出版物、建立环境网站等方式，成为北美沟通个人与组织的重要工具。此外，个人或机构可以直接就相关环境问题进行投诉。

《协定》正式生效后，各国的环境保护工作都有了不同程度的进展，但《协定》仍有许多不足。例如规定的义务中强制性不够，很多义务基本是程序性的，使当事人在履行义务时有相当大的自由裁量权；各国报告的做法不同，加之没有提供评估绩效的标准，很难从报告中确定各国在多大程度上履行了《协定》所列的义务；没有以一致或综合的方式收集环境信息，使得 CEC“定期”报告成员国领土内的环境状况存在相当大的挑战。

四、北美自贸区区域环境治理成效

（一）建立 4 个数据库平台，强化环境信息的搜集整合

CEC 针对气候变化、污染物排放及生态保护等共建立了 4 个数据库平台，这些平台作为公共专业性工具用于三国协作共享温室气体、黑炭和其他短期气候污染物排放清单数据及大气污染物排放和转移数据等，这 4 个平台分别为北美环境图集、北美土地变化检测系统、北美气候污染物门户网站和污染物排放与转移登记（PRTR）在线查看网页。例如，从 20 世纪 90 年代中期开始，CEC 通过整合加拿大国家污染物排放清单（NPRI）、美国有毒物质排放清单（TRI）和墨西哥污染物转移登记处报告的数据（RETC），形成了在线清查数据库及报告并发布于官网；建立了北美污染物排放和转移登记体系，提高了数据的可比性、质量、完整性以及透明度；扩展建立了北美的空气质量系统，以管理、实时分享和公开三国空气质量监测数据，提高了各国国内空气质量管理决策的效率和效果；绘制了北美生态地图，建立了北美生物多样性的信息网络及鸟类网络，列出了北美鸟类保护清单，建立了 NAAEC 对环境潜在影响的评价机制。此外，还通过建立网站，发布系列环境法律法规、数据库和一般性新闻，发行了几十种出版物以加强专业化信息的传播普及。

（二）围绕五大主题发布系列专项报告与项目行动计划

CEC 围绕气候变化、生态系统、执法管理、绿色经济和污染物排放五大主题，发布了 600 余份调查研究报告与项目行动计划，例如 1997 年发布的《大陆污染物传输路径》（CEC，1997）是第一个强调北美大气污染物远程传输关键问题的 CEC 报告，该报告提出了各成员国在减少污染物排放和监测方面进行合作的机会；发布了《北美温室气体和黑炭排放清单可比性评估》（CEC，2012）及《北美黑炭排放推荐评估方法》（CEC，2015）等，改进对各成员国小规模生物质燃烧产生的黑炭及其共生污染物排放的评估方法；在跨界危险废物方面，于 2013 年发布的一项研究报告阐明了北美铅酸电池贸易、回收利用情况及北美管控铅酸电池的国际条

约和法律框架，研究讨论了国家间贸易变化，以及北美各国铅的环境和公共卫生保护水平的差异，并提出了关于二次铅冶炼厂和其他处理此类电池设施的环境无害管理做法的技术指南（CEC，2013）。

（三）监督产生重大影响

JPAC 在最初 4 年举行了 30 多次咨询会议，并允许部分公众参与，促进了环境贸易关系和环境的改善。SEM 制度也成为确保政府问责制和改善环境条件的成功监督机制，超过 300 个利益相关者及社区团体向 CEC 提交了 98 份投诉书，其中加拿大 30 余份，墨西哥约 50 份，美国 15 份，涉及超过 40 项环境法，并产生了 24 项事实记录，内容涉及矿石开采及尾矿库泄漏、不同行业大气污染、湿地保护和渔业污染等（CEC，2019）。

（四）促进成员国双边合作

《协定》的签署实施促进了成员国之间在边境环境保护和可持续发展方面的双边合作。例如，为应对 NAFTA 实施后可能造成的环境危害，1996 年，“美墨边境 21 点计划”开始实施，形成了美国和墨西哥边境地区对应的“姐妹州”，强调公众参与和环境管理的权力下放，将公众参与纳入边境环境治理系统（罗田，2010）。2002 年，在“美墨边境 21 点计划”的基础上发展出了“美墨边境 2012 计划”，提出了 5 项环境目标，包括减少水污染、空气污染、土地污染，减少接触农药及减少化学品的暴露，主要致力于净化空气、提供洁净饮用水、降低暴露于有害物质中的风险以及提高美墨边境地区遭遇危险时的紧急应对能力，该计划覆盖 10 个州（美国 4 个州、墨西哥 6 个州），并在地区工作小组中纳入州的直接领导，通过地方社区的参与来确定项目及优先次序，实现了有效的地方参与。

（五）提升成员国能力建设水平

《协定》的签署提高了成员国环境管理水平和环境状况，如通过分别针对管理人员、主管和操作员制定的环境无害化培训材料、危险废物管理在线培训材料、消耗臭氧层物质在线培训材料等加强监管能力建设；通过开展 ISO 50001 培训，与私营部门合作，在制造业推动节能标准实施等。值得一提的是，《协定》的实施尤其提升了发展中国家墨西哥的能力建设水平。例如，《协定》生效后，墨西哥成立了环境、自然资源及渔业秘书处来处理环境问题；1996 年，墨西哥对生态均衡及环境保护法进行了修改，每年对环境法规进行更新；1998 年 12 月，墨西哥宪法加入有关环境保护的条款；同年，环境法规中对排入大气和水体中的污染物规定了最高限额；墨西哥现有实际生效使用的官方环境保护法规及条例 50 个，其执法力度也进一步加强。

五、结语

北美自贸区开创了“贸易协定+环境协定”这一区域环境制度化治理新模式（北美模式），构筑了尊重主权、目标明确、约束有限、合作宽泛为主要内容的区域环境治理格局，建立了以 CEC 为核心、以多年行动计划为抓手、以资金投入为保障的运行机制，创建了独特的书面投诉监督方式，设计了多种公众参与渠道，对自贸区内促进贸易与环境保护协同发展、全面强化区域环境治理有重要参考意义。

参考文献

邓宁，2011. 论北美自由贸易区对贸易与环境的法律协调[J]. 中国石油大学学报：社会科学版，（4）：55-58.

李寿平，2005. 北美自由贸易协定对环境与贸易问题的协调及其启示[J]. 时代法学，3（5）：97-102.

罗田，2010. NAFTA 背景下美国和墨西哥的区域环境合作——以美墨边境地区环境合作为例[D]. 上海：复旦大学.

秦天宝，2002.《北美自由贸易协定》关于贸易与环境的法律协调[J]. 国际经济法论丛，2（6）：308-342.

佘群芝，2001. 北美自由贸易区环境合作的特点[J]. 当代亚太，（6）：28-32.

Aguilar S，Constantino R，Cosbey A，et al.，2011. Environmental Assessment of NAFTA by the Commission for Environmental Cooperation：An Assessment of the Practice and Results to Date[R]. Commission for Environmental Cooperation.

Allen L J，2012. The North American Agreement on Environmental Cooperation：Has It Fulfilled Its Promises and Potential？ An Empirical Study of Policy[J]. Colorado Journal of International Environmental Law & Policy，(23)：121-199.

CEC，1997. Continental Pollutant Pathways：An Agenda for Cooperation to Address Long-Range Transport of Air Pollution in North America[R]. Commission for Environmental Cooperation.

CEC，1999. Framework for Public Participation in Commission for Environmental Cooperation Activities[R]. Commission for Environmental Cooperation.

CEC，2005. Strategic Plan of the Commission for Environmental Cooperation 2005-2010[R]. Commission for Environmental Cooperation.

CEC，2012. Assessment of the Comparability of Greenhouse Gas and Black Carbon Emissions Inventories in North America[R]. Commission for Environmental Cooperation.

CEC，2013. Hazardous Trade？ An Examination of US-generated Spent Lead-Acid Battery Exports and Secondary Lead Recycling in Canada，Mexico，and the United States[R]. Commission for Environmental Cooperation.

CEC，2015. North American Black Carbon Emissions：Recommended Methods for Estimating Black Carbon Emissions[R]. Commission for Environmental Cooperation.

CEC，2019. 25 Years of the Commission for Environmental Cooperation[R]. Commission for Environmental Cooperation.

Ten-year Review and Assessment Committee，2004. Ten Years of North American Environmental Co-operation[R]. Commission for Environmental Cooperation.

欧盟绿色新政与绿色协议的影响分析

郑　军

2019 年 12 月 11 日，欧盟委员会在比利时布鲁塞尔公布应对气候变化新政“欧洲绿色协议”（以下简称“绿色协议”）概要，提出到 2050 年欧洲在全球范围内率先实现“碳中和”，即二氧化碳净排放量降为零，将欧洲打造成为全球首个“碳中和”大洲。绿色协议旨在通过将气候和环境挑战转化为政策领域的机遇，以实现欧盟经济可持续发展。绿色协议提出了行动路线图，通过转向清洁能源、循环经济以及阻止气候变化、减少生物多样性丧失、减少污染等措施提高资源利用效率。

欧盟新当选主席乌尔苏拉•冯德莱恩（Ursula von der Leyen）对欧盟绿色新政和绿色协议寄予厚望，将绿色协议称为欧盟新的发展策略，堪比“登上月球”的起点。根据协议内容，欧盟将降低 2030 年碳排放量至 1990 年的 45%～50%。预计于 2021 年开始，将向特定产业中污染程度较高的域外企业征收碳边境调节税；计划筹集 1 000 亿欧元（约合人民币 7 830 亿元）过渡基金，帮助成员国进行能源转型，争取达到“一个也不能掉队”的目标。绿色协议将影响欧洲的交通、农业、能源生产等各个经济领域和多个行业，有望彻底变革欧洲大陆的经济体系。

本文简要回溯全球绿色新政和绿色发展，择要阐述欧洲绿色新政和绿色协议，从“2030 生物多样性战略”“新工业战略和循环经济行动计划”“从农场到餐桌的可持续食物战略”“公正的过渡基金”等 10 个方面举措的绿色行动路线图分析得出欧洲绿色协议及行动将带给全球 3 个方面重大影响的判断：①绿色协议可能成为欧洲应对气候变化的旗帜，对全球应对气候变化产生重大影响；②绿色协议可能成为欧洲绿色发展的新标志，对全球绿色发展战略产生重大影响；③绿色协议可能形成欧盟贸易新模式，对国际贸易规则产生重大影响。

一、绿色新政的由来

绿色新政（Green New Deal）发端于2008年金融危机时期，是欧洲的低碳绿色经济变革，由联合国前秘书长潘基文在2008年12月11日的联合国气候变化大会上提出，是对环境友好型政策的统称，主要涉及环境保护、污染防治、节能减排、气候变化等人与自然可持续发展相关的重大问题。绿色新政本质是以技术革命为核心的新一轮工业革命，具有3个方面的显著战略意义：一是以发展绿色经济作为新的增长引擎，力图刺激经济复苏、摆脱经济衰退；二是谋求确立一种长期稳定增长与资源消耗、环境保护“绿色关系”的新经济发展模式；三是力争占据全球新一轮绿色工业革命制高点和全球经济的主导权。

2019年9月25日，联合国贸易与发展会议（UNCTAD）发布主题是“为全球绿色新政融资”的《2019年贸易和发展报告》，预计全球经济基本面仍将持续萧条，2019年全球经济增长率将从2018年的3%降至2.3%，一些发达经济体距离衰退仅一步之遥，预测“衰退之风”将在2020年横扫发达经济体。该报告主张推行“全球绿色新政”，提出了一系列促使债务、资本和银行为经济发展服务的措施，并认为在正确的政策框架下，能够彻底结束全球2008年金融危机后多年的紧缩与不安全性，帮助实现更公平的收入分配，扭转数十年来的环境退化。

面对持续萧条的经济大环境，主要发达国家及不少发展中国家大力实施绿色新政，试图通过绿色经济和绿色新政，在新一轮经济发展进程中促进经济转型，从而实现其自身经济的可持续发展。在行动层面，按短期和中长期所采取的策略来看，短期内通过制定和推进刺激政策促进经济复苏，减少不正当补贴（如矿物燃料补贴），鼓励节能建筑、可持续交通、可再生能源等方面的财政刺激计划；中长期以应对气候变化并向低碳经济转型为核心，抓住新一轮绿色工业革命，持续保持并创造就业机会，促进包容性增长和千年发展目标（MDG）的实现，从全球大尺度规划并谋求国内可持续发展。欧盟是绿色新政的主要发源地，也是倡导低碳经济发展的全球领先者，兼顾环境保护、经济增长和社会公平发展3个主题。欧洲模式具有重要的参考意义。

二、新欧盟主席的绿色新政和绿色协议

2019 年 12 月 1 日，德国前国防部长乌尔苏拉·冯德莱恩正式出任欧盟委员会主席，成为欧盟首位女性“掌门人”。在选举中，她呼吁加强欧盟的团结和发展，力图建立一个强大的欧洲。为此提出了欧洲绿色协议、发展民生经济、数字化欧洲、保障民生与安全、增强全球领导力、促进民主 6 个方面的政策主张。其中，绿色协议将突出成为其上任后的首要计划，并计划在任期前 100 天内正式公布实施方案。

2019 年 12 月 11 日，欧盟委员会主席乌尔苏拉·冯德莱恩在比利时布鲁塞尔公布应对气候变化新政“欧洲绿色协议”概要（European Green Deal Communication），旨在到 2050 年欧洲在全球范围内率先实现“碳中和”，即二氧化碳净排放量降为零，从而促进欧洲经济稳定可持续发展、改善民众健康和生活质量、保护自然环境。绿色协议提供了行动路线图以提升清洁循环经济、阻止气候变化、减少生物多样性丧失和减少污染。所列举的措施几乎涉及所有经济领域，尤其是交通、能源、农业、建筑业等领域的多个行业。概述了所需投资和可用的融资工具，并说明了如何确保过渡期间的公平公正。主要内容如下。

首要目标：将欧洲打造成为全球首个“碳中和”大洲。欧盟作为世界重要的经济体之一，将坚决抗击气候危机带来的生存威胁，力争在 2050 年实现温室气体净零排放，将欧洲打造成为全球对抗气候变化的领导者。为此，提出欧盟 2030 年的碳排放量将在 1990 年的基础上减少 50%～55%，高于上届欧盟委员会制定的“2020 年将温室气体排放削减 20%，2030 年至少削减 40%”的目标。

一是构建第一部欧洲气候法案（European Climate Law）。将 2050 年实现“碳中和”的目标写入气候法案中，以确保 2050 年实际零排放的目标具有法律约束力，法案计划于 2020 年 3 月之前完成。同时，欧盟委员会将逐一审查欧盟《可再生能源指令》《能源效率指令》《排放交易指令》等法律法规，确保与新的气候目标行动相一致；将电力、天然气和供暖等部门紧密结合在一起，加强海上风电潜能的开发利用，整合形成多种能源开发利用部门的“一个管理系统”，于 2020 年提出一项“多部门智能整合”方案；在对减排 55%的目标进行成本效益分析后，

于 2020 年夏季公布力争 2030 年减排 55%的综合实施计划。

二是新工业战略和循环经济行动计划。2020 年 3 月，欧盟委员会提出新的循环经济行动计划，作为欧盟工业战略的延伸部分。包括一项可持续的产品政策，以尽可能减少使用材料，确保产品可重复回收使用；在新的循环经济计划下，钢铁、水泥和纺织等碳排放密集型产业将受到格外关注；考虑到 2050 年实现清洁工业的目标，重点将在 2030 年最后一个投资周期前，全力做好使用氢能源的“清洁炼钢”准备；此外，已在 2020 年提出有关电池可重复使用和再循环利用的新立法草案。

三是绿色建筑节能改造计划，这将是绿色协议的旗舰计划之一。其主要目标是使建筑物的绿色节能改造翻新率至少翻一番甚至翻三番，而目前的翻新率约为 1%。

四是 2050 年实现“环境零污染目标”。无论是在空气环境、土壤环境还是水环境，都要朝着 2050 年实现“无污染环境”的目标迈进，计划提出一项跨领域的战略举措，以解决空气和水质、危险化学品、工业排放物、农药和内分泌干扰物的问题，保护公民健康不受环境退化和环境污染的影响，新举措包括 “无毒环境”的化学策略。

五是保护生态系统和生物多样性。2020 年 3 月，提出一项新的“2030 生物多样性战略”，为原定于 2020 年 10 月在中国举行的联合国《生物多样性公约》第十五次缔约方大会（COP15）做好了准备，确保欧盟能在 COP15 上发挥引导性作用。欧洲将加强与全球伙伴的合作，在未来五年内减少生物多样性的丧失，采取新措施解决生物多样性丧失的主要驱动因素。包括解决土壤和水污染的具体措施，以及一项新的森林培育计划，制定新的农产品标准，以促进实现无森林被砍伐的目标等。

六是从农场到餐桌的可持续食物战略。新的可持续食物战略于 2020 年春季提出，目标是建立“绿色健康农业”体系。包括“大幅减少化学杀虫剂、化肥和抗生素的使用”计划。2020 年，欧盟委员会将重点审查由成员国根据共同农业政策提交的“新国家战略计划”，以确保其符合绿色协议的目标。

七是交通运输行业零排放。2020 年，欧盟汽车 CO_2 新排放标准已实施近一年，目标是到 2021 年实现 1 km 行程排放 CO_2 小于 95 g。但新的绿色协议提出要朝着零排放的方向努力。为此，将进一步鼓励发展电动汽车产业，计划到 2025 年在欧洲部署 100 万个公共充电站，确保欧洲每个家庭不仅能驾驶自己的电动汽车，而且不必担心充电站的问题。针对目前无法实现电气化的航空、航运和重型公路运输领域，将大力推广生物燃料和氢气等可持续替代燃料。

八是“公正的过渡基金”。为不让任何成员国掉队，欧盟委员会提出了一个“公正的过渡基金机制”，将向欧盟成员国提供大量财政援助，支持正在努力摆脱对化石燃料的依赖、向清洁工业和绿色能源转型的国家。计划筹集资金 1 000 亿欧元（约合人民币 7 830 亿元），使用的金融工具有 3 个：一是成立一个公正的过渡基金（Just Transition Fund），从欧盟的区域财政预算中调集；二是形成一个投资项目，资金来自欧洲投资银行（EIB）；三是欧洲投资银行的资金将来自欧盟银行的自有资本。此外，还规定每支出 1 欧元过渡基金，各地将补充配套 2～3 欧元，欧盟委员会将审查针对各成员国的援助指南，以便各成员国政府能将钱直接投资支持清洁能源。各地还将获得技术援助，以帮助其吸引更多资金，并严格遵守欧盟的支出规则。

九是加大技术研发与创新。2021—2027 年，拟投入预算资金 1 000 亿欧元，加大对前沿研究和创新的预算资金支持力度。“欧洲地平线创新计划”将为欧盟绿色协议作出贡献，根据 2019 年达成的协议，欧盟 35%的研究资金将用于气候友好型技术的研发，欧盟的一系列研究计划也将把主要研究对象集中在环境问题上。

十是对外关系与国际合作。气候变化和环境退化带来的全球挑战需要全球共同应对，欧盟将利用双边场合及七国集团、二十国集团等多边机制说服其他国家提升应对气候变化的能力，并将应对气候变化植入其贸易政策体系中。其中，一项可能引起关注和争议的措施是提议征收碳边境调节税（Border Tax Adjustment，亦称“跨境碳排放税”），计划根据世贸组织（WTO）规则，从选取的特定行业开始，对碳减排措施不足的域外产品加强征税，避免欧盟地区的企业与未采取减排措施的国家或污染企业开展贸易而造成“碳泄漏”，保护其产业免受不正当竞争影响，碳边境调节税计划于 2021 年公布。

下一步，绿色协议提出的“2030 生物多样性战略”“新工业战略和循环经济行动计划”“从农场到餐桌的可持续食物战略”等举措，将提交欧洲议会和欧洲理事会讨论，并在得到欧盟成员国元首与欧洲议会同意后，方能具备完整的法律效力。由于欧洲不同国家和地区之间气候变化、能源结构、经济发展水平等存在差异，欧盟委员会内部也仍对有关行动倡议存在分歧，其最终生效以及实施力度仍面临不少挑战。但乌尔苏拉·冯德莱恩领导下的新一届欧盟委员会已完全释放其绿色新政的施政策略，绿色协议将影响欧洲的交通、农业、能源生产等各个经济领域，有望彻底变革欧洲大陆的经济体系，也将给全球应对气候变化、绿色发展、国际贸易规则等带来重大影响。

三、“欧洲绿色协议”的影响和建议

（一）绿色协议可能成为欧洲应对气候变化的旗帜，对全球应对气候变化产生重大影响

乌尔苏拉·冯德莱恩一再强调在其任期内的首要任务就是解决气候危机。在2019年12月的发布会现场，乌尔苏拉·冯德莱恩将“欧洲绿色协议”称为欧盟新的发展策略。乌尔苏拉·冯德莱恩在会上指出，针对如何应对气候变迁，我们仍没有完整的解答，但对欧盟来说，发布绿色协议堪比“登上月球”的起点。绿色协议的实施尚需匹配法律效力，或将引起对煤炭依赖度较高的东欧各国的强烈反对。但无论如何，欧盟在美国退出《巴黎协定》的背景下，于COP25期间发布绿色协议，展示了其在争夺全球气候治理话语权方面的决心和目标，其意在主导全球气候变化对策。中国是碳排放量最大的国家之一，但也是节能减排力度最大的国家，主张和理念受到了越来越多国家的认可，行动和做法也得到全球的肯定。建议密切跟踪“欧洲绿色协议”的最新动向，对比梳理中欧在应对气候变化方面的行动和主张，共同但有区别地体现中国具有示范意义的地位和作用。

（二）绿色协议可能成为欧洲绿色发展的新标志，对全球绿色发展战略产生重大影响

21世纪以来，全球绿色发展开始更加关注社会包容性。2012年，世界银行将绿色发展定义成环境持续友好、社会包容性的经济。包容性的绿色发展除了强调经济与环境的协调发展，还包含改善社会福祉、提高社会质量等社会进步的内容。

“欧洲绿色协议”从应对气候变化这一全球热点议题入手，内含绿色发展的要义，提出的一系列措施几乎涉及所有经济领域，尤其是交通、能源、农业、建筑业等领域以及钢铁、水泥、信息和通信技术、纺织和化工等行业，将对欧洲的经济、社会和生态环境产生重大影响。欧盟也将借道于此，力图从主张绿色发展的道义上占据全球道德制高点，进而不断影响全球发展观、价值观、文化观。全球绿色治理体系是可持续发展治理体系深化改革和完善的新动力，中国应密切关注并借鉴欧洲绿色新政的新主张、新去向，将绿色治理融入国家治理体系和治理能力现代化进程，积极倡导全球绿色治理体系，坚持“绿色青山就是金山银山”理念，构建绿色“一带一路”，为全球绿色治理提供中国方案。

（三）绿色协议可能形成欧盟贸易新模式，对国际贸易规则产生重大影响

从长远来看，乌尔苏拉·冯德莱恩领导下的欧盟除将致力于扩大欧盟经济体自身发展和成长动能，还将兼顾应对全球气候变化的威胁，无论何者为欧盟最终落脚点，但随着欧盟碳边境调节税、排放交易体系以及能源效率指令等改革措施的落地，或许将会带来欧盟贸易新模式，加剧绿色低碳领域竞争，引发全球新一轮的“环保风暴”，对国际贸易规则产生重大影响。可以预见的是，欧盟与其他经济体签署贸易协议时，将纳入更为具体的生态环境保护条款以及更多的绿色能源政策。从企业层面意味着若想将来与欧盟做生意，欧盟将考察对方是否满足应对气候变化的要求，甚至还将包括出口至欧盟的商品的生产流程、生产工艺等是否使用绿色可再生能源。欧盟贸易新模式也势必对中国产品出口至欧洲造成重大影响。作为欧盟第二大贸易伙伴，中国应对此早做准备，从政策层面、企业层面、消费者层面及时主动做好细化、对接和长远规划，避免陷入贸易壁垒。